Alexander Naß, Silvia Rentzsch,
Johanna Rödenbeck, Monika Deinbeck (Hg.)
Geschlechtliche Vielfalt (er)leben

Die Reihe »Angewandte Sexualwissenschaft« sucht den Dialog: Sie ist interdisziplinär angelegt und zielt insbesondere auf die Verbindung von Theorie und Praxis. Vertreter_innen aus wissenschaftlichen Institutionen und aus Praxisprojekten wie Beratungsstellen und Selbstorganisationen kommen auf Augenhöhe miteinander ins Gespräch. Auf diese Weise sollen die bisher oft langwierigen Transferprozesse verringert werden, durch die praktische Erfahrungen erst spät in wissenschaftlichen Institutionen Eingang finden. Gleichzeitig kann die Wissenschaft so zur Fundierung und Kontextualisierung neuer Konzepte beitragen.

Der Reihe liegt ein positives Verständnis von Sexualität zugrunde. Der Fokus liegt auf der Frage, wie ein selbstbestimmter und wertschätzender Umgang mit Geschlecht und Sexualität in der Gesellschaft gefördert werden kann. Sexualität wird dabei in ihrer Eingebundenheit in gesellschaftliche Zusammenhänge betrachtet: In der modernen bürgerlichen Gesellschaft ist sie ein Lebensbereich, in dem sich Geschlechter-, Klassen- und rassistische Verhältnisse sowie weltanschauliche Vorgaben – oft konflikthaft – verschränken. Zugleich erfolgen hier Aushandlungen über die offene und Vielfalt akzeptierende Fortentwicklung der Gesellschaft.

BAND 8
ANGEWANDTE SEXUALWISSENSCHAFT
Herausgegeben von Ulrike Busch, Harald Stumpe,
Heinz-Jürgen Voß und Konrad Weller,
Institut für Angewandte Sexualwissenschaft
an der Hochschule Merseburg

Alexander Naß, Silvia Rentzsch,
Johanna Rödenbeck, Monika Deinbeck (Hg.)

Geschlechtliche Vielfalt (er)leben

Trans*- und Intergeschlechtlichkeit in Kindheit, Adoleszenz und jungem Erwachsenenalter

Mit Beiträgen von Ulrich Klocke, Emily Laing,
Alexander Naß, Eike Richter, Kurt Seikowski,
Heinz-Jürgen Voß und Simon Zobel

Mit einem Grußwort von Petra Köpping

Psychosozial-Verlag

Bibliografische Information der Deutschen Nationalbibliothek
Die Deutsche Nationalbibliothek verzeichnet diese Publikation in der Deutschen Nationalbibliografie; detaillierte bibliografische Daten sind im Internet über http://dnb.d-nb.de abrufbar.

Originalausgabe

Walltorstr. 10, D-35390 Gießen
Fon: 06 41 - 96 99 78 - 18; Fax: 06 41 - 96 99 78 - 19
E-Mail: info@psychosozial-verlag.de
www.psychosozial-verlag.de

Umschlagabbildung: Grafik von Joshua Röbisch, 2016
Umschlaggestaltung und Innenlayout nach Entwürfen von Hanspeter Ludwig, Wetzlar
www.imaginary-world.de
Satz: metiTEC-Software, me-ti GmbH, Berlin
ISBN 978-3-8379-2597-5

Inhalt

Grußwort zur Tagung »Geschlechtliche Vielfalt (er)leben«

Sehr geehrte Teilnehmer*innen,

immer mehr treten trans*- und intergeschlechtliche Menschen heraus aus einem Schattendasein. Sie bringen ihre Erfahrungen mit Diskriminierungen, ihre Ansprüche auf Selbstbestimmung und gesellschaftliche Teilhabe offen zur Sprache – beispielhaft auf dieser Fachtagung. Dies ist deshalb so wichtig, weil ihnen die Definitionsmacht über ihr Geschlecht und damit zugleich das Recht auf ein selbstbestimmtes Leben auch heute noch vielerorts verweigert wird. In der Medizin und in der justiziellen Praxis werden trans*- und intergeschlechtliche Menschen häufig immer noch als pathologisch und somit als behandlungsbedürftig im Sinne einer Anpassung an die zweigeschlechtliche Norm angesehen. Wir brauchen eine Reform der medizinischen Forschungs- und Leitlinienpraxis, damit eine menschenrechtskonforme Behandlung und ein individualisierter Umgang mit Trans*- und Intergeschlechtlichkeit auf Basis des *informed consent* möglich werden. Wir brauchen ein Personenstands- und Namensrecht, das geschlechtlicher Vielfalt besser Rechnung trägt. Und wir müssen der menschenunwürdigen Praxis der psychiatrischen Bevormundung ein Ende bereiten. Ich begrüße es deshalb sehr, dass die Bundesregierung sich in der Gestalt einer Interministeriellen Arbeitsgruppe dem dringenden gesetzlichen Reformbedarf stellt.

Mit der Veränderung der rechtlichen Rahmenbedingungen ist es allerdings nicht getan. 30 bis 40 Prozent der trans*geschlechtlichen Menschen werden bei Bewerbungen wegen ihres Trans*Seins nicht berücksichtigt.

Zwischen 30 und 40 Prozent verlieren ihren Job wegen ihrer Trans*Identität. Hinzu kommen nicht selten schwere Diskriminierungen in allen gesellschaftlichen Bereichen. Eine Sensibilisierungs- und Aufklärungsarbeit ist deshalb nötig –

auch in unseren mitteldeutschen Ländern. Auf Landes- und kommunaler Ebene, in Unternehmen, Schulen, Behörden und Vereinen müssen Strukturen geschaffen werden, die sicherstellen, dass Trans* und Inter vor Gewalt und Diskriminierung geschützt werden und dass sie ihre Rechte wahrnehmen können. Gerade haben wir in Sachsen mit der Erarbeitung eines Landesaktionsplans zur Akzeptanz von sexueller und geschlechtlicher Vielfalt begonnen. Ein Maßnahmenpaket zur Verbesserung der Situation von Trans* und Inter in Sachsen wird ein eigener Planschwerpunkt sein.

»Geschlechtliche Vielfalt (er)leben« – so lautet das Motto dieses Kongresses. »Akzeptanz von Vielfalt« ist das Motto, unter das wir auch unseren sächsischen Landesaktionsplan stellen. Eine inklusive und diskriminierungsfreie Gesellschaft darf die Lebensweisen von Trans* und Inter nicht ausgrenzen. Besonders die Nicht-Trans* und Nicht-Inter sind dabei angehalten, gängige Vorstellungen von Geschlecht und Sexualität zu reflektieren und Respekt vor Lebensentwürfen zu entwickeln, die nicht die eigenen sind. Klar ist aber auch: ›Geschlechtliche Vielfalt‹ umfasst nicht nur Trans* und Inter, nicht nur Schwule und Lesben, sondern auch all diejenigen, die ihr ganz individuelles Mann- oder Frausein im ›gewohnten‹ Rahmen der Zweigeschlechtlichkeit leben.

Ich wünsche dem Kongress einen glücklichen und erfolgreichen Verlauf.

Mit freundlichen Grüßen

Petra Köpping
(Staatsministerin für Gleichstellung und Integration in Sachsen)
Weimar am 28. August 2015

Vorrede zur Tagung

Trans-Inter-Aktiv in Mitteldeutschland e. V. (TIAM e. V.) ist aus zwei bundesweiten Treffen in den Jahren 2013 und 2014 des Bundesnetzwerkes Trans-Aktiv hervorgegangen. Inter- und trans*geschlechtliche Menschen haben in Mitteldeutschland bisher keine oder nur wenig Interessenvertretung erfahren. Vielmals wurden in der lesbisch-schwulen Community die Themen dieser Menschen mitverhandelt, ohne diese wirklich zu beteiligen. TIAM e. V. hat sich daher zum Ziel gesetzt, diesen Menschen eine Sprache zu geben. Auf diese Weise verfolgen wir das Ziel der Inklusion und wollen einen positiven Wandel in den politischen, gesellschaftlichen und sozialen Strukturen bewirken. Darüber hinaus soll Entscheidungsträger*innen Unterstützung angeboten werden, damit Diskriminierungen und Ausgrenzungen der Vergangenheit angehören.

Schon früh wird auf die Identität des Kindes eingewirkt. Sie bildet sich durch die individuelle Auseinandersetzung mit der Umwelt heraus. Die vom Kind mitgebrachten physischen und psychischen Anlagen treffen auf eine Reihe von Sozialisationsinstanzen (z. B. Familie, Schule, Medien), die Verhaltensweisen und Normen vermitteln. Zudem wird bei intergeschlechtlichen Personen mit der Angst der Eltern gespielt, dass es sich bei Intergeschlechtlichkeit um etwas Unnatürliches handle und eine spätere Ausgrenzung ihres Kindes durch die Gesellschaft unumgänglich sei. Auf diese Weise gelingt es, medizinisch nicht notwendige, kosmetische ›Schönheitsoperationen‹ an Kindern zu rechtfertigen. Die Entwicklungen der Pränataldiagnostik haben es in den letzten Jahren möglich gemacht, dass ›Syndrome der geschlechtlichen Entwicklung‹ in der Schwangerschaft nachgewiesen werden können. Hierbei ist es sogar möglich und legitim, die Schwangerschaft bei Erkennung von nicht normgerechten Entwicklungen auch noch nach der 23. Schwangerschaftswoche zu beenden.

Die neu zu entwickelnde Gesetzgebung in der Bundesrepublik Deutschland muss sich von vielen veralteten Geschlechterrollenbildern verabschieden, wie sie beispielsweise im noch immer Anwendung findenden Transsexuellengesetz aus dem Jahre 1981 virulent sind. Bei diesen Neuregelungen ist unbedingt darauf zu achten, dass allen Menschen (Art. 2, 3 GG) unbürokratisch der selbstbestimmte Zugang zu medizinischen und rechtlichen Leistungen ermöglicht wird, ohne hieran eine bestimmte Form der geschlechtlichen Selbstdefinition zu knüpfen. Hierbei ist insbesondere den Interessen der Kinder und Jugendlichen besondere Aufmerksamkeit zu widmen und das Kindeswohl ist über die sozialen Interessen der Eltern zu stellen.

Des Weiteren muss das Gesetzespaket den jeweiligen Gruppierungen eine medizinische Versorgung auf Grundlage ihrer persönlichen Freiheitsrechte gewährleisten. Die Ergebnisse aus vielen Verfahren vor dem Bundesverfassungsgericht, dem Europäischen Gerichtshof für Menschenrechte sowie aus zahlreichen Petitionsverfahren bei den Landesparlamenten sehen die Verantwortlichkeit beim Deutschen Bundestag. Wir benötigen also eine politische Mehrheit, die nicht einfach zu realisieren ist – dessen sind wir uns bewusst.

Viele Länder Europas sind schon weiter. Malta beispielsweise hat die rechtliche Anerkennung von Geschlechtsidentität ohne vorherige medizinische Diagnose, Behandlung oder Operationen eingeführt. Daher wollen auch wir eine Grundlage für Neuregelungen auf der Basis der Bedürfnisse und Interessen der betreffenden Personen bewirken, welche ohne erzwungene Alltagserprobungen auskommen.

Wir möchten Sie einladen, gemeinsam daran zu arbeiten, dass strukturierte, institutionelle und andere Formen der Diskriminierungen der Vergangenheit angehören. Gemeinsam können wir Lösungen für ein würdevolles und soziales Miteinander entwerfen. Es sollen viele weitere Aktionen folgen, die wir gemeinsam mit den Ländern Sachsen, Sachsen-Anhalt und Thüringen durchführen, um – gerade auch im ländlichen Raum – Ressourcen für jene Menschen zu schaffen, die bisher nur wenig Möglichkeiten hatten von diesen zu profitieren.

Wir wünschen Ihnen viel Spaß, zahlreiche Erkenntnisse und ein tolles Miteinander beim Kongress »Geschlechtliche Vielfalt (er)leben« in Weimar 2015.

Ihr amtierender Vorstand von TIAM e. V.
Monika Deinbeck, Alexander Naß, Silvia Rentzsch & Johanna Rödenbeck
Weimar am 28. August 2015

Wege von Kindern und jungen Erwachsenen, ihr Trans*Sein zu kommunizieren

Unterschiede zwischen Trans*Jungen und Trans*Mädchen

Alexander Naß

Einleitung

Der nachfolgende Beitrag setzt sich dezidiert mit den Kommunikationswegen trans*geschlechtlicher Kinder und Jugendlicher auseinander. Mit dem Aufzeigen der – zumeist stark verschlüsselten – Hinweise, mit denen die Kinder und Jugendlichen auf ihre Situation aufmerksam machen, erhofft sich der Autor eine Handreichung insbesondere für Pädagog*innen, Lehrer*innen sowie Psycholog*innen und das nahe Umfeld junger trans*geschlechtlicher Menschen zur Verfügung zu stellen. Aus diesem Grund wird in dem vorliegenden Artikel ein besonderes Augenmerk auf die Erläuterung der sozialisationssoziologischen Hintergründe und die ausführliche Beschreibung der lebensweltlichen Erfahrungen der trans*geschlechtlichen Kinder und Jugendlichen gelegt. Deren Perspektive fließt im Rahmen vielzähliger Textauszüge ein, welche ursprünglich Teil der von ihnen im Rahmen der Begutachtung zur Vornamensänderung oder Hormonbehandlung bei Herrn PD Dr. Kurt Seikowski in Leipzig eigenständig verfassten Lebensberichte waren. Diese Ego-Dokumente fanden Eingang in eine bislang monografisch noch unveröffentlichte Studie des Autors, in welcher er die Lebensverläufe von 270 trans*geschlechtlichen Personen (161 Mann-zu-Frau-trans*geschlechtliche und 109 Frau-zu-Mann-trans*geschlechtliche) qualitativ-inhaltsanalytisch auswertete. An dieser Stelle ist der Hinweis angebracht, dass es sich hierbei um eine Sekundäranalyse retrospektiver Daten handelt. Das bedeutet, dass die Verfasser*innen der Lebensberichte zum Zeitpunkt des Schreibens zumeist bereits das Erwachsenenalter erreicht hatten und es sich bei ihren Situationsbeschreibungen um ein Blick in die eigene Vergangenheit handelt. Je nachdem, welche zeitliche Perspektive im konkreten Fall betrachtet wird, werden die Bezeichnungen Trans*Junge und Trans*Mann synonym für Frau-zu-Mann-trans*geschlechtliche Personen und Trans*Mädchen bzw. Trans*Frau für Mann-zu-Frau-trans*geschlechtliche Personen verwandt. In der Auswertung finden sich auch biografische Textauszüge, welche in der dritten Person formuliert sind. Dies begründet sich darin, dass nicht von allen untersuchten Personen die originalen Lebensberichte zugänglich waren, sondern in einigen Fällen nur noch auf das erstellte Gutachten zugegriffen werden konnte. Die Erzählstruktur wird im Rahmen der Gutachtenerstellung von der Ich-Erzähler-Perspektive in einen Bericht in der dritten Person übertragen. Der Therapeut, dessen Gutachten dem Autor zur Analyse vorlagen, versicherte, dass die Sätze und Inhalte der originalen Lebensläufe bei seiner Transkription authentisch erhalten bleiben und lediglich die Erzählform an die Erfordernisse der Begutachtung angeglichen wurden. Nicht immer stimmige Pronomen innerhalb dieser Auszüge haben ihren Ursprung im Originaltext.

Jene Leser*innen, die sich weiterführende Informationen zu den methodischen Hintergründen und Begrenzungen sowie auszugsweise Ergebnisse aus der gesamten Studie wünschen, seien auf einen ebenfalls im Psychosozial-Verlag erschienenen Artikel verwiesen (siehe Naß, 2016). Der vorliegende Beitrag widmet sich ausschließlich der tief greifenden Deskription des bei Trans*Mädchen und Trans*Jungen stark divergenten Mitteilungsverhaltens.

1 Die Bedeutung der Sozialisation im Leben trans*geschlechtlicher Kinder und Jugendlicher

Für die Bearbeitung dieser Thematik scheint es erforderlich vorab zu klären, welches Verständnis von Sozialisation der Autor zugrunde legt, wenn er diese als akzelerierenden bzw. retardierenden Faktor für die intra- und interpersonelle Wahrnehmung der geschlechtlichen Identität interpretiert. Im vorliegenden Beitrag wird das von Klaus Hurrelmann in den 1980er Jahren entwickelte Modell des »produktiv Realität verarbeitenden Subjekts« als Fundament dienen (Geulen & Hurrelmann, 1980, S. 51). »Sozialisation [wird] definiert als Prozess der Entstehung und Entwicklung der Persönlichkeit in wechselseitiger Abhängigkeit von der gesellschaftlich vermittelten sozialen und materiellen Umwelt. Vorrangig […] ist dabei, wie sich der Mensch zu einem gesellschaftlich handlungsfähigen Subjekt bildet« (ebd.).

Für Hurrelmann führt diese Auffassung von Sozialisation unweigerlich zu seinem metatheoretischen und metamethodischen Modell des »produktiv Realität verarbeitenden Subjekts«, indem er schreibt:

> »Sozialisation bezeichnet nach dieser Definition den Prozess, in dessen Verlauf sich der mit einer biologischen Ausstattung versehene menschliche Organismus zu einer sozial handlungsfähigen Persönlichkeit bildet, die sich über den Lebenslauf hinweg in Auseinandersetzung mit den Lebensbedingungen weiterentwickelt. Sozialisation ist die lebenslange Aneignung von und Auseinandersetzung mit den natürlichen Anlagen, insbesondere den körperlichen und psychischen Grundmerkmalen, die für den Menschen die ›innere Realität‹ bilden, und der sozialen und physikalischen Umwelt, die für den Menschen die ›äußere Realität‹ bilden. [...] Darin stecken die erkenntnisleitenden Annahmen, dass die Subjektwerdung nur in wechselseitiger Beziehung zwischen der Persönlichkeits- und der Gesellschaftsentwicklung möglich ist und die Individualität des Menschen sowohl durch seine genetische Anlage als auch durch soziale und ökologische Faktoren entwickelt wird« (Hurrelmann, 2006, S. 15f.).

Das Modell scheint für die anvisierten Zwecke recht fruchtbar zu sein, da es psychologische und soziologische Theorieansätze auf metatheoretischer Ebene miteinander verzahnt und aufeinander abstimmt. Vermutlich erstmalig auf die geschlechtsspezifische Sozialisation bei trans*geschlechtlichen Personen angewendet, könnte es eine Erklärungsfolie liefern, ›wo‹ geschlechtsspezifische Sozialisation aus Sicht der Sozialisationsinstanzen gescheitert ist, wenn – wie im Falle von Trans*Geschlechtlichkeit – eine Nichtkongruenz von gefühltem und biologischem Geschlecht auftritt. Darüber hinaus kann aber auch aufgezeigt werden, wie die geschlechtsspezifische Sozialisation im jeweils anderen sozialen Geschlecht ›trotzdem‹ erfolgreich verlaufen kann, auch wenn diese Verhaltens- und Denkweisen nicht explizites Lernziel der Sozialisation innerhalb des biologischen Geschlechts waren.

Das Modell des produktiv Realität verarbeitenden Subjekts von Hurrelmann stellt auf das Wechselspiel und Ineinandergreifen von biologisch-genetischer Anlage und Umwelteinflüssen ab (siehe Abb. 1). Mit diesem Ansatz folgt das Modell aktuellen biologischen und psychologischen Forschungserkenntnissen. Es wird hierbei davon ausgegangen, dass die Entwicklungsmöglichkeiten eines Menschen durch seine genetischen Anlagen über den gesamten Lebensverlauf hinweg festgelegt sind. Die Gene beeinflussen die Persönlichkeit und das Verhalten jedoch nicht direkt, sondern die genetische Ausstattung stellt vielmehr einen ›Möglichkeitsraum‹ bereit. Aus den gegebenen Möglichkeiten können wiederum einzelne Elemente durch soziale und physikalische Umweltbedingungen überdeckt, eingedämmt, zurückgehalten oder aber aktiviert und freigelegt werden. Zugleich stellt die genetische Ausstattung eine Begrenzung der Möglichkeiten dar, da der Mensch seine Anlagen nicht überwinden kann. Es wird dabei von der Arbeitshypothese ausgegangen, dass im Verlauf des Lebens etwa die Hälfte der Persönlichkeitsmerkmale und Verhaltenseigenschaften eines Menschen auf seine genetische Ausstattung und die andere Hälfte auf Umweltbedingungen zurückzuführen ist. Anlage und Umweltfaktoren überlagern sich hierbei in vielfältiger Art und Weise. So wirken die Umweltbedingungen bereits sehr frühzeitig in der Entwicklung auf die weitere Ausformung des genetischen Potenzials ein, gleichsam entscheidet in Umkehrung das genetische Potenzial über die Art und Weise, in welcher die Umwelt aufgenommen wird (Hurrelmann, 2006, S. 24f.).

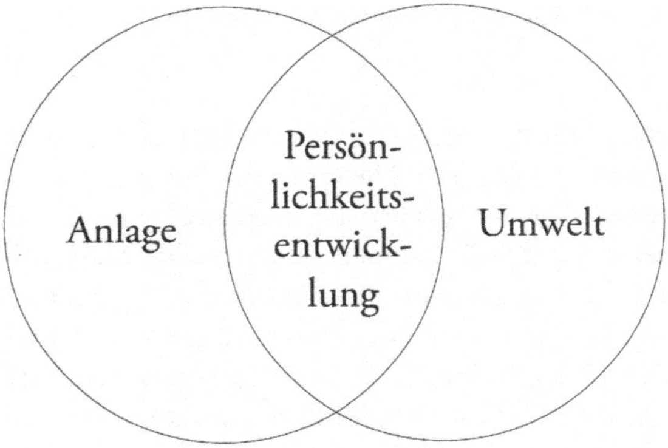

Abb. 1: Das Zusammenspiel von Anlage und Umwelt bei der Persönlichkeitsentwicklung – Hurrelmann (2006), S. 24

Dieser Zweiteilung der Persönlichkeitsentwicklung verleiht Hurrelmann zunehmend Tiefe, indem er Anlage und Umwelt weiter differenziert (siehe Abb. 2). Die Anlage ordnet er in diesem Schritt der ›inneren Realität‹ zu, die Umweltbedingungen stellen die ›äußere Realität‹ dar. Die innere Realität wird hierbei aus genetischer Veranlagung, körperlicher Konstitution, Intelligenz, psychischem Temperament sowie den Grundstrukturen der Persönlichkeit gebildet. Die äußere Realität der sozialen und physikalischen Umwelt setzt sich aus Familie, Freundes- und Gleichaltrigengruppe, Erziehungs- und Bildungseinrichtungen, sozialen Organisationen, Massenmedien, Arbeits- und Wohnbedingungen sowie der materiellen Umwelt zusammen (Hurrelmann, 2006, S. 27).

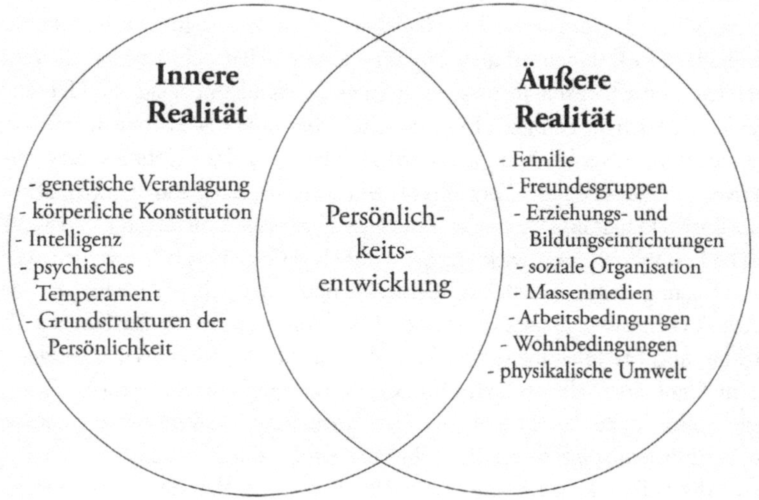

Abb. 2: Das Verhältnis von innerer und äußerer Realität – Hurrelmann (2006), S. 27

Das Verhältnis von innerer und äußerer Realität muss im Laufe der Zeit immer wieder neu justiert werden, um sich vorübergehend in einem Gleichgewichtszustand einpendeln zu können. In jeder Phase der Entwicklung muss sowohl die innere als auch die äußere Realität immer wieder von neuem aufgenommen, angeeignet und verarbeitet werden. Hierbei kommt es zu einer subjektiven Repräsentanz der äußeren und inneren Realität mit einer Einschätzung der Bedingungen für das eigene Handeln (Hurrelmann, 2006, S. 27). »Wie ein Mensch mit den inneren Anlagen umgeht und in welcher Weise er sie auf die äußeren (Umwelt-)Bedingungen anzupassen versteht, entscheidet sich nach der Kompetenz, die innere Realität realistisch einzuschätzen und ihr Potential für eigene Handlungen und Entwicklungen auszuschöpfen« (ebd.).

Der Verarbeitungsprozess von innerer und äußerer Realität wird als produktiv im Sinne von prozesshaft begriffen. Es soll hiermit zum Ausdruck gebracht werden, dass es sich nicht um eine passive Informationsverarbeitung handelt, sondern um eine dynamische und aktive Tätigkeit. Dies gilt für die innere und äußere Realität gleichermaßen. Sozialisation ist somit zum einen die ständige aktive Beobachtung und Diagnose der eigenen Anlagen und ihrer Veränderung im Laufe des Lebens. Zum anderen ist es für die Weiterentwicklung der Persönlichkeit unabdingbar, auch sensibel auf die Veränderungen der sozialen und physikalischen

Umwelt einzugehen und das eigene Handeln auf diese Veränderungen zu beziehen. So besteht beispielsweise die Möglichkeit, nach der Diagnose einer Situation verschiedene Reaktionen auf diese Situation gedanklich durchzuspielen, die resultierenden Konsequenzen abzuwägen und anschließend eine adäquate Handlung einzuleiten. Auch die Fähigkeit Informationen über andere Menschen differenziert aufzunehmen, zu verarbeiten und zu interpretieren, ist das Ergebnis dieses ›produktiven‹ Prozesses. Dieser Vorgang vollzieht sich lebenslang und orientiert sich an den »Entwicklungsaufgaben« des jeweiligen Lebensabschnittes (ebd., S. 28–30).

Die Persönlichkeitsentwicklung kann nur als gelungen begriffen werden, wenn eine »Passung« zwischen den körperlichen und psychischen Anlagen und den äußeren Lebensbedingungen vorliegt. Familien kommt dabei die Aufgabe der Vermittlung und Erschließung der äußeren Realität für das Kind zu. Sie werden in diesem Sinne auch als »primäre Sozialisationsinstanz« bezeichnet, da diese in einem hohen Maße die Art und Weise der Aneignung und Verarbeitung der Realität beeinflussen. Eine starke Beeinflussung erfolgt durch die Eltern, aber auch Verwandtschaftsverhältnisse und Freundschaften stehen bei der Sozialisation an primärer Stelle. Ausschlaggebend für diese Zuordnung ist, dass sich der heranwachsende Mensch mit seiner Persönlichkeit als Ganzes in diese Primärgruppen und sozialen Netzwerke einbringen und sie mitgestalten kann. Im Verlauf der Modernisierung kam es zur Auslagerung von Erziehungs- und Sozialisationsfunktionen aus der Familie in andere gesellschaftliche Teilsysteme wie Kindergärten, Schulen, Berufsbildungseinrichtungen, Hochschulen und sozialpädagogische Einrichtungen. Somit sind diese Einrichtungen als »sekundäre Sozialisationsinstanzen« neben die Familie getreten. Die »tertiären Sozialisationsinstanzen« werden von den formellen und informellen sozialen Organisationen in Freizeit- und Wohnwelt, insbesondere den Gleichaltrigengruppen sowie den Massenmedien, gebildet. Neben diesen spielen öffentliche Institutionen in Politik, Wirtschaft, Verwaltung, Justiz, Sozialkontrolle, Religion und Gesundheit, in Form von Behörden, Betrieben, Gerichten, Polizei, Freizeiteinrichtungen und Krankenhäusern eine Rolle. Ihre Sozialisationsfunktion ist eher indirekt und davon abhängig, wie stark sich die zu sozialisierende Person auf diese einlässt (Hurrelmann, 2006, S. 30–32) (siehe Abb. 3).

Schlussendlich kann in diesem Modell die gesunde Persönlichkeitsentwicklung auch scheitern. Dies ist dann der Fall, wenn es im Laufe der Entwicklung nicht möglich war, ein reflektiertes Selbstbild bzw. eine kontinuierliche Ich-Identität aufzubauen:

> »Ein reflektiertes Selbstbild [stellt hierbei die] Voraussetzung für die Fähigkeit zur ständigen Abstimmung der Verarbeitungsfähigkeiten [dar]. Das Selbstbild ist

eine innere Konzeption der Gesamtheit der Einstellungen, Bewertungen und Einschätzungen, die ein Mensch im Blick auf die eigenen Handlungsmöglichkeiten in der äußeren Realität besitzt. Voraussetzung hierfür ist eine realistische, sensible Wahrnehmung der Grundbedingungen der inneren Realität [...]. [...] Von Identität kann gesprochen werden, wenn ein Mensch über verschiedene Entwicklungs- und Lebensphasen hinweg eine Kontinuität des Selbsterlebens auf der Grundlage des positiv gefärbten Selbstbildes wahrt. [...] Störungen der Identitätsbildung haben ihren Ausgangspunkt in einer mangelnden Übereinstimmung zwischen den personalen und sozialen Komponenten der Identität, also den Bedürfnissen, Motiven und Interessen auf der einen und den gesellschaftlichen Erwartungen auf der anderen Seite« (ebd., S. 38f.).

Abb. 3: Die Struktur sozialisationsrelevanter Organisationen und Systeme – Hurrelmann (2006), S. 34

Halten wir an dieser Stelle für einen Moment inne und vergegenwärtigen uns, wie dieses Konzept speziell auf die geschlechtsspezifische Sozialisation von trans*geschlechtlichen Personen übertragen werden kann. Selbstverständlich umfasst das »Modell des produktiv Realität verarbeitenden Subjekts« viel mehr Facetten der Sozialisation als jene der geschlechtsspezifischen, jedoch soll diese für unseren Zweck in den Fokus gerückt werden.

Hurrelmann selbst verweist auf folgende Verknüpfung von ›Anlage‹ und ›Umwelt‹, wenn er geschlechtsspezifische Sozialisation in den Blick nimmt:

»Das interaktive Verhältnis von Anlage und Umwelt wird bei der Ausprägung von männlichen und weiblichen Phänotypen besonders deutlich. Männer und Frauen

> unterscheiden sich nach ihren Geschlechtschromosomen und Geschlechtshormonen. […] Die angeborene genetische und hormonelle Ausstattung mit ihren Unterschieden nach Körperbau und Organen wird durch kulturelle Vorstellungen von ›Männlichkeit‹ und ›Weiblichkeit‹ überformt. Die Differenz der Geschlechter ist zu einem erheblichen Teil durch solche sozialen Einflüsse bedingt. Viele Persönlichkeitsmerkmale und Verhaltensweisen der Geschlechter sind offensichtlich erlernt und werden im Verlauf des Sozialisationsprozesses gebildet. Die genetische Ausstattung und die Anlage der Persönlichkeitsmerkmale dienen dabei als Ausgangslage und als Möglichkeitsraum für die geschlechtsspezifische Entfaltung. Die genetische Anlage begrenzt den Raum von sozialen und gesellschaftlichen Entfaltungsmöglichkeiten« (ebd., S. 25f.).

Für den trans*geschlechtlichen Personenkreis ist es wichtig, den Bereich der ›Anlage‹ oder auch der ›inneren Realität‹ etwas weiter zu fassen. Eindeutige Chromosomen oder Genitale liegen bei ihnen zumeist vor, jedoch würde deren Feststellung nicht ausreichen, um bei Trans*geschlechtlichen die vollständige Anlage der geschlechtlichen Identität erfasst zu haben. Aus diesem Grund muss in ihrem Falle auch die innere Gewissheit, dem anderen biologischen Geschlecht anzugehören, gleichbedeutend mit einer körperlichen Anlage angesehen werden – entweder, weil sie dies in einer bisher medizinisch noch nicht entschlüsselten Form tatsächlich ist[1] oder weil die trans*geschlechtliche Person diese Gewissheit so stark empfindet, dass sie in Form einer zentralen psychischen Grundstruktur der Persönlichkeit berücksichtigt werden muss.

Aufseiten der ›Umwelt‹ bzw. der ›äußeren Realität‹ sind trans*geschlechtliche Personen der zumeist frühzeitigen Erfahrung ausgesetzt, dass ihre für die Sozialisationsinstanzen der äußeren Realität ›sichtbare‹ körperliche Anlage mit der inneren Gewissheit der Zugehörigkeit zum anderen biologischen Geschlecht nicht in eins fällt. Der Raum von sozialen und gesellschaftlichen Entfaltungsmöglichkeiten, welcher durch die Umwelt abgesteckt wird, orientiert sich jedoch an jener sichtbaren körperlichen Anlage. An diesem Punkt werden die Möglichkeiten des Agierens in der gefühlten Geschlechtsrolle stark eingeschränkt und auf die Normen der ›sichtbaren‹ Anlage begrenzt. Das geschlechtliche Selbstbild, also die Einschätzung der eigenen Handlungsmöglichkeiten in der äußeren

1 Immer mehr Studien verfolgen bezüglich der Ursachenforschung zur Trans*Geschlechtlichkeit zunehmend auch biologische Ansätze. Weiterführende Recherchemöglichkeiten bieten sich u.a. bei Schneider et al. (2007, S. 721), Zhou et al. (1995) und Kruijver et al. (2000).

Realität, kann somit keine positive Färbung erhalten. Ein trans*geschlechtlicher Mann, der als Mädchen aufwächst, kann beispielsweise, solange er für die Umwelt in seiner biologischen Anlage eindeutig weiblich erscheint, nur jene Entfaltungsmöglichkeiten nutzen, die für Frauen vorgesehen sind. Die Offenheit der Sozialisationsinstanzen in Bezug auf abweichendes Rollenverhalten beeinflusst auf diese Weise, in welchem Maße und wann die ›innere Anlage‹, also die ›richtige‹ Geschlechtsrolle, nach außen präsentiert werden kann. Die Fähigkeit zum Abgleich der eigenen Anlage mit den Anforderungen der sozialen Umwelt kann ebenso hinderlich bei der Durchsetzung eigener Interessen sein, wenn die Diagnose der Situation oder die Informationen über andere Menschen den Schluss zulassen, dass die Offenbarung dieser Anlagen unerwünscht scheint. Besonders emotional besetzt dürfte dies gegenüber den primären und sekundären Sozialisationsinstanzen sein, da diese sehr zeitig im Leben eine hohe Relevanz erhalten und nicht austauschbar (Familie, Verwandtschaft) bzw. unumgänglich (Bildungseinrichtungen) sind.

Die Herstellung des angestrebten Gleichgewichtszustandes zwischen innerer und äußerer Realität gestaltet sich somit in Hinblick auf die eindeutige Verortung innerhalb einer Geschlechtszugehörigkeit bei trans*geschlechtlichen Personen schwieriger als bei Menschen, deren gefühlte Geschlechtszugehörigkeit sich mit der ›inneren Anlage‹ deckt.

Wie weiter oben bereits ausgeführt wurde, wirken nicht nur die Umweltbedingungen bereits sehr frühzeitig in der Entwicklung auf die weitere Ausformung des genetischen Potenzials ein; vielmehr entscheidet auch das genetische Potenzial über die Art und Weise, in welcher die Umwelt aufgenommen wird (Hurrelmann, 2006, S. 24f.). Auf diese Weise erlaubt die von Hurrelmann vorgenommene Zweiteilung in eine innere und eine äußere Realität die Annahme, dass geschlechtsspezifische Sozialisation nicht völlig als gescheitert angesehen werden muss, ›nur‹ weil es den verschiedenen Sozialisationsinstanzen nicht ›gelungen‹ ist ein kongruentes geschlechtliches Selbstbild bei der trans*geschlechtlichen Person zu installieren. Vielmehr eröffnet sich die Möglichkeit einer ablaufenden Selbstsozialisation durch das trans*geschlechtliche Individuum. Hurrelmann betont wiederholt die produktiven Anteile des Aneignungs- und Verarbeitungsprozesses, der die Aufgabe hat einen Gleichgewichtszustand zwischen innerer und äußerer Realität herzustellen. Ein solcher Vorgang der Selbstsozialisation wäre im Sinne eines Selektionsprozesses denkbar, der hauptsächlich jene Anforderungen der äußeren Realität aufnimmt, die zur inneren Realität passen, und eindeutig zum Geburtsgeschlecht gehörende Anforderungen für sich nicht in Betracht zieht. Ein solcher Selektionsvorgang könnte die

Aufgabe besitzen eine ›innere Ich-Identität‹ herzustellen, die zumindest in der Introspektive eine Kontinuität des Selbsterlebens produziert. Wechselt man die Perspektive von der inneren Realität auf die Seite der äußeren, so kann man erkennen, dass auch sie ihren Anteil zur Selbstsozialisation beiträgt: Sie stellt die Vorbilder für Beobachtung und Nachahmung zur Verfügung. Zur Veranschaulichung scheint ein kurzes Beispiel angebracht: Aus soziologischer Sicht drängt sich die Frage auf, wie ein trans*geschlechtlicher Mensch nach der Transformation in einer Geschlechtsrolle leben kann, in die er nie zuvor hineinsozialisiert wurde. In der Arbeit mit ›seiner‹ Trans*Gruppe machte der Autor die Erfahrung, dass insbesondere die Trans*Männer häufig erwähnten, sich nach Beginn der Hormonbehandlung endlich so verhalten zu können, wie sie es von innen heraus schon immer tun wollten. Sie hätten plötzlich nicht mehr das Gefühl eine Rolle spielen zu müssen, die sie nicht gefühlsmäßig empfinden könnten. Das Agieren in der männlichen Rolle erscheine ihnen ›natürlich‹. Wo aber hat diese innere Folie von Verhaltensmustern ihren Ursprung? Zu vermuten bleibt an dieser Stelle, dass hier die angesprochene Differenz aus äußerer und innerer Realität auffällig wird. Dieser aus Sicht des Autors im Hurrelmann'schen Modell enthaltene Aspekt der Selbstsozialisation fließt jedoch nicht in die qualitative Analyse ein, sondern berührt vielmehr kontextuelle Vorstellungen und bietet überdies einen sehr reichhaltigen Anknüpfungspunkt für weitere Forschungsarbeiten.

Welche Verknüpfungen wären zwischen der erläuterten Metatheorie von Hurrelmann und dem Mitteilungsverhalten vorstellbar und sollten bei der Analyse der Lebensläufe berücksichtigt werden? Es ist anzunehmen, dass die Ausübung negativer Sanktionen durch wichtige Bezugsgruppen (primäre und sekundäre Sozialisationsinstanzen) im Kindes- und Jugendalter dazu beiträgt, eine Unterdrückung und/oder Verbergung normabweichenden Verhaltens durch die betroffene Person zu befördern. Diese frühzeitige Lebenserfahrung kann dazu führen, dass die eigene geschlechtliche Identität als etwas Negatives und Verbergenswertes internalisiert und die Akzeptanz der abweichenden Geschlechtsidentität erschwert wird. Hierdurch kann es zu einer Störung bei der Bildung einer stabilen Ich-Identität kommen, da es an Übereinstimmung von personalen und sozialen Komponenten der Identität mangelt. Die eigenen Gefühle und Bedürfnisse stehen in zu großem Kontrast zu den gesellschaftlichen Erwartungen.

In diesem Fall wäre davon auszugehen, dass sich der Versuch der Unterdrückung bzw. Verbergung anschließend bis in das Erwachsenenalter fortsetzt und eine länger andauernde Phase der Verdrängung bewirkt. Dieser Umstand könnte durch anhaltende negative Sanktionierung von sekundären und tertiären Sozialisationsinstanzen – beispielsweise durch Gleichaltrige, Arbeitskolleg*innen, Partner*innen – noch verstärkt werden, was das Mitteilungs- und Initiativbedürfnis der betroffenen Person weiter eindämmt.

2 Einblicke in die Lebenswelt

Bevor wir nun in ebendiese Lebenswelt von trans*geschlechtlichen Kindern und Jugendlichen eintreten können, wird zur Verbesserung der Nachvollziehbarkeit eine kurze Erläuterung des vom Autor innovativ entwickelten Mixed-Methods-Ansatzes vorweggeschickt.

Die Auswertung selbst setzt sich aus einem quantitativen und einem qualitativen Teil zusammen. Innerhalb eines jeden Auswertungspunktes wird zuerst die quantifizierbare Seite in Form der Nennungshäufigkeiten und der Anzahl der Personen aufgegriffen, die sich entsprechend dieser Auswertungskategorie(n) äußerten. Diese Daten werden jeweils überblicksartig in einer Tabelle zusammengefasst. Die Prozentwerte der Personen richten sich dabei an dem Anteil aus, den sie an allen analysierten Personen einnehmen und summieren sich demnach innerhalb der Tabelle *nicht* auf 100%. Der angegebene Prozentwert verweist somit darauf, wie viel Prozent aller analysierten Personen bereits die betrachtete Situation durchlebten. Diese Art des Prozentuierens ist erforderlich, da es sich nicht um ausschließende Kategorien handelt, sondern Mehrfachnennungen möglich sind. Anders verhält es sich bei den Prozentwerten der Nennungen. Diese werden in Bezug auf alle Nennungen innerhalb der Tabelle gebildet. Es kann daher das Gewicht der einzelnen Codes bzw. Situationen auf das gesamte Konstrukt nachvollzogen werden.

Des Weiteren wird im Rahmen der Auswertung bewusst darauf verzichtet, alle Zahlenwerte ausführlich zu beschreiben; vielmehr ist es das Ziel der Auswertung einzelne Schlaglichter zu setzen und den Leser*innen mithilfe der Tabellen zentrale Informationen über das Datenmaterial zur Verfügung zu stellen. Aus diesem Grund enthalten die abgebildeten Tabellen nur jene Kategorien, bei denen es sich entweder um die am stärksten besetzten Kategorien handelt oder ein erheblicher Unterschied zwischen Trans*Mädchen und Trans*Jungen besteht. Auf der Suche nach einem geeigneten Faktor, der verdeutlicht wie häufig die sich äußernden Personen die entsprechende Erfahrung sammelten, entwickelte der Autor eigenständig einen ›Häufigkeitsfaktor‹ (HF).

Je höher dieser Faktor ausfällt, umso häufiger wurde eine Erfahrung durchlebt. Ein Faktor von 2,5 besagt beispielsweise, dass ein Erlebnis zweieinhalbmal

Häufigkeitsfaktor:

$$HF = \frac{N}{P}$$

P = Anzahl der Personen die sich zu dieser Kategorie äußerten
N = Anzahl der Nennungen in dieser Kategorie

$$HF = \begin{cases} \frac{N}{P} & \text{für } P \geq 1 \\ 0 & \text{für } N = 0 \end{cases}$$

Abb. 4: Bedeutung des Häufigkeitsfaktors innerhalb der Auswertungstabellen

gemacht wurde. Die quantitätsorientierte Analyse wird durch das Aufzeigen von Strukturen innerhalb des qualitativen Datenmaterials ergänzt und auf der Basis einzelner Textstellen[2] anschaulich belegt.

2.1 Mitteilungsverhalten und gewählte Sensibilisierungsstrategien

In diesem Kapitel wird näher beleuchtet, ob und wie die trans*geschlechtlichen Personen versuchten, ihr soziales Umfeld auf ihre abweichende Geschlechtsidentität aufmerksam zu machen und entsprechende Anerkennung zu generieren. Hierfür wird einerseits eingehend betrachtet, in welcher Stärke ein entsprechendes Mitteilungsverhalten ausgeprägt ist, und andererseits, welche Signale, also welche Strategien der Sensibilisierung des Umfeldes für das Thema Trans*Geschlechtlichkeit, gewählt werden. Die Betrachtung bezieht dabei Zeiten der Kindheit, der Jugend und des Erwachsenseins ein und fragt nach den Adressaten der ausgesandten Signale. Es wird davon ausgegangen, dass je stärker die empfundene Abweichung vom Geburtsgeschlecht kommuniziert wird, desto frühzeitiger geschlechtsangleichende Maßnahmen vollzogen werden. Dieser Denkansatz speist

2 Etwaige Rechtschreibfehler innerhalb der zitierten Lebenslaufpassagen entstammen den Originalen und wurden unverändert übernommen.

sich aus der Annahme, dass zum einen die Kommunikation der Abweichung ein inneres Bewusstsein für die ›Andersartigkeit‹ voraussetzt, welches zur Forcierung einer geschlechtsangleichenden Behandlung beitragen kann, und zum anderen ein informiertes Umfeld unter Umständen frühzeitiger unterstützend reagieren kann.

2.1.1 Situationen der Authentizität

Um die Intensität eines entsprechenden Mitteilungsverhaltens zu bestimmen, werden zunächst die Situationen betrachtet, die die Kommunikation eindeutiger Signale ermöglichten. Bei diesen Situationen handelt es sich um Momente, in welchen den trans*geschlechtlichen Personen der Freiraum zum Aussenden solcher Signale entweder zur Verfügung stand oder sie sich diesen Freiraum selbst schafften. Mit der Ausfüllung eines solchen Freiraumes, egal ob vorhanden oder selbst eröffnet, wird zudem eine beschleunigende Wirkung auf die Persönlichkeitsentwicklung im Schnittpunkt zwischen innerer und äußerer Realität verknüpft. Die Nutzung solcher Freiräume wird in diesem Sinne als Aushandlungsprozess zwischen den Anforderungen der äußeren Realität und dem Bewusstwerden der inneren Grundstruktur der Persönlichkeit verstanden. Ein solcher Aushandlungsprozess setzt in diesem Sinne nicht nur ein Bewusstsein für die ›Andersartigkeit‹ voraus, sondern kann zudem ein deutlicheres Bewusstsein über die eigentliche Identität generieren. Als gelebter Freiraum wurden alle Situationen begriffen, in denen die trans*geschlechtliche Person die Möglichkeit hatte, ihrem Wunschgeschlecht entsprechende Verhaltensweisen zu zeigen. Zentral war hierbei die Bedingung, dass die Person etwas auslebte, was sie für ihre Vorstellung vom ›richtigen Leben‹ unternahm. Unberücksichtigt bleibt hingegen, ob sich dieses Verhalten mit einer Zustimmung oder Ablehnung durch das soziale Umfeld verbunden hat. Die Auswertungstabelle 1 zeigt die getätigten Angaben zum Erleben solcher Situationen des genutzten Freiraumes.

Von den untersuchten trans*geschlechtlichen Männern haben alle (100%) Situationen erlebt, in denen sie sich trauten, einen Freiraum für ihr gegengeschlechtliches Verhalten zu erkämpfen bzw. in denen ihnen dieser zur Verfügung stand. Bei den trans*geschlechtlichen Frauen konnten nur zwei Drittel (78,3%) von solchen Situationen berichten. Da es sich um eine so breit angelegte Kategorie handelt, verweist die prozentuale Differenz von 21,7% auf eine sehr weitreichende Diskrepanz zwischen den Trans*Männern und -Frauen. Diese sehr deutliche Verschiedenheit wird noch erheblich durch die große Kluft bei

	Transformationsrichtung					
	FzM			MzF		
	Personen N = 109	Nennungen N = 696	HF	Personen n = 161	Nennungen n = 546	HF
vorhandener/ genommener Freiraum zum Leben der eigenen Identität	109 (100,0%)	696 (100,0%)	6,39	126 (78,3%)	546 (100,0%)	4,33

Tab. 1: Auswertung der Kategorie »vorhandener/genommener Freiraum zum Leben der eigenen Identität«

der Wiederholung solcher Situationen verstärkt. Während die Trans*Männer im Durchschnitt 6,39 mal Situationen des Freiraumes erleben konnten bzw. sich wiederholt trauten diese herbeizuführen, geschah dies bei den Trans*Frauen durchschnittlich nur 4,33 mal (siehe Tab. 1). Es lässt sich verkürzend festhalten, dass die untersuchten Trans*Männer in ihrem Lebensverlauf deutlich weitere Grenzen hinsichtlich eines männlichen Verhaltens abstecken konnten – ein Umstand, der bei den FzM-Trans*geschlechtlichen durchaus akzelerierend auf den Beginn eines offiziellen Lebens als Mann gewirkt haben kann. Die Trans*Frauen untersagten sich hingegen wesentlich öfter, Weiblichkeit an sich zuzulassen.

2.1.2 Die ausgesandten Signale

Betrachten wir nun, wie die trans*geschlechtlichen Personen die zuvor skizzierten Situationen ausfüllten. In der Auswertungstabelle 2 kann ein erster Überblick darüber gewonnen werden, welche Signale in welcher Häufigkeit genutzt wurden, um das soziale Umfeld zu sensibilisieren. Im Anschluss erfolgt eine detaillierte Auseinandersetzung mit den hervorstechendsten Ergebnissen, welche durch eine prägnante Auswahl typischer Textstellen unterlegt werden.

Das zentrale Ergebnis der Tabelle 2 – mit Blick auf die prozentuale Verteilung jener Personen, die überhaupt irgendwelche Signale aussandten – bezeugt eindeutig, dass die untersuchten Trans*Jungen und -Männer ihr Umfeld weitaus häufiger mit ihrer Abweichung vom weiblichen Normbild konfrontierten, als die Trans*Mädchen und -Frauen ihre ›Andersartigkeit‹ öffentlich zeigten. Es lässt sich somit feststellen, dass die Trans*Frauen einen wesentlich größeren Wert dar-

Welche Signale wurden gesendet?	Transformationsrichtung					
	FzM			MzF		
	Personen n = 109	Nennungen n = 1020	HF	Personen n = 161	Nennungen n = 693	HF
Auftreten in der angestrebten Rolle/mit dem angestrebten Namen (bevor dies amtlich ist)	42 (38,5%)	53 (5,2%)	1,26	11 (6,8%)	14 (2,0%	1,27
Manipulation am Körper zur Annäherung an das andere Geschlecht	28 (25,7%)	32 (3,1%)	1,14	7 (4,3%)	7 (1,0%)	1,00
frühzeitig direkt ausgesprochen	39 (35,8%)	61 (6,0%)	1,56	31 (19,3%)	43 (6,2%)	1,39
Versagen bei intimen Kontakten	28 (25,7%)	34 (3,3%)	1,21	14 (8,7%)	19 (2,7%)	1,36
Rückzug/ Scham/ Depressivität/ Drogenkonsum/ Selbstverletzung	60 (55,0%)	105 (10,3%)	1,75	56 (34,8%)	88 (12,7%)	1,57
Verleugnung des eigenen Körpers	54 (49,5%)	73 (7,2%)	1,35	3 (1,9%)	3 (0,4%)	1,00
Spielverhalten/ Freundeskreis	99 (90,8%)	170 (16,7%)	1,72	91 (56,5%)	135 (19,5%)	1,48
Kleidung/ Frisur/ Schminke/ Schmuck	105 (96,3%)	264 (25,9%)	2,51	109 (67,7%)	228 (32,9%)	2,09
Auftreten	56 (51,4%)	88 (8,6%)	1,57	38 (23,6%)	60 (8,7%)	1,58

Tab. 2: Auswertung der Kategorie »Welche Signale wurden gesendet?«

auf legten, dass ihre ›Andersartigkeit‹ nicht so stark bekannt wird – ein Befund, der sich in gleicher Weise bei der Analyse der Verdrängungs- und Verbergungstendenzen wiederholt (siehe Kapitel 2.1.5).

Entsprechend der eingangs skizzierten Annahme, dass dem Umstand des Andeutungen-Aussendens eine wichtige akzelerierende Wirkung für das ›Sich-Selbst-(An-)Erkennen‹ zukommt, ist hier ein deutlicher Unterschied zwischen Trans*Frauen und -Männern aufgedeckt worden.

Zur Erzeugung der gewünschten Aufmerksamkeit für die Nichtpassung in das Geburtsgeschlecht wurde sowohl bei FzM- als auch bei MzF-Trans*geschlechtlichen am häufigsten die körperliche Darstellung mit *gegengeschlechtlichen Kleidungsstücken*, entsprechenden Frisuren, Schminke und Schmuck gewählt. Trotz dieser Gemeinsamkeit zeigten sich doch erhebliche Unterschiede in der Ausfüllung dieser Kategorie, was sich tendenziell bereits daran abzeichnet, dass nahezu alle untersuchten Trans*Jungen gegengeschlechtliche Kleidung zur Signalisierung ihrer Zugehörigkeit zum männlichen Geschlecht trugen, während nur rund zwei Drittel der Trans*Mädchen diesen Weg wählten, um ihre gefühlte Identität zu verdeutlichen. Ebenso besteht eine deutliche Divergenz in der Häufigkeit, mit der die Personen das Tragen der Kleidung zu diesem Zwecke nutzten. Wiederholte sich bei den Trans*Jungen dieser Vorgang im Durchschnitt rund zweieinhalbmal (HF = 2,51), kam dies bei den Trans*Mädchen nur zweimal vor (HF = 2,09). Mit diesem Ergebnis in Einklang gehend zeigte sich bei den Trans*Jungen tatsächlich auch ein stärkeres Selbstbewusstsein beim Tragen der gegengeschlechtlichen Kleidung. Beim Lesen der Lebensläufe wurde wiederkehrend der Eindruck vermittelt, dass sie das Gefühl zu haben schienen, sie selbst müssten nur genügend Überzeugung beim Tragen der männlichen Kleidungsstücke ›an den Tag legen‹, um auch ihrem Umfeld die Richtigkeit dieser Kleidung unter Beweis zu stellen. Das Gleiche galt überdies auch in Bezug auf die Wahl der Haarfrisur. Die Überzeugungsversuche, gerade gegenüber den Eltern, liefen in zwei Richtungen. Zum einen wurde weibliche Kleidung vehement abgelehnt, sodass die Eltern beispielsweise auf geschlechtsneutrale Hosen – aber immerhin Hosen – auswichen, zum anderen bestanden manche gezielt auf männliche Kleidung. Zentral war jedoch für fast alle Aussagen zum Thema, dass die gegengeschlechtliche Kleidung öffentlich und bereits über lange Zeiträume – zumeist schon ab den frühen Kindertagen – getragen wurde und so bereits vor den ersten formalen Schritten in ein Leben als Mann einen festen Bestandteil der äußerlich gelebten Identität ausmachte.

> »Er habe sich schon immer geweigert, Röcke oder Kleider zu tragen. Es habe deswegen vor allem mit seiner Mutter Konflikte gegeben, doch notgedrungen habe sie seine Wünsche toleriert. Seine Tante habe immer wieder versucht, ihm Mäd-

chenkleider zu schenken, doch diese seien ungetragen im Schrank liegengeblieben« (Fall16_FzM08, Abs. 28).

»Weiter mit meiner Jugendweihe ich trug einen schwarzen Anzug mit einem weißen Hemd. Alle im Saal, außer die Menschen die mich kannten, wunderten sich als mein Name aufgerufen wurde und ich nach vorne trat. Doch mich störte das nicht ich fühlte mich wohl in meinem Anzug und meine Freunde und Bekannte fanden es auch super« (Fall19_FzM08, Abs. 2).

Ab Beginn der Pubertät diente das Tragen (weit fallender) männlicher Kleidung nicht nur dem Ausdruck von innerlicher Identität, sondern auch dem Verdecken weiblicher Körperformen.

»Bei der Kleiderwahl habe sie sich ausschließlich auf Kleidung beschränkt, die die ›auffälligen Merkmale‹ verbergen konnten. Sie habe immer viele Schichten Kleidung getragen, auch im Sommer. Und darüber habe sie immer noch eine weite ärmellose Weste angezogen« (Fall6_FzM07, Abs. 30).

Der Anlass des Faschings stellte für Trans*Männer wie für Trans*Frauen eine häufig ergriffene Gelegenheit dar, um ohne weitere Diskussionen in einer Rolle des Gegengeschlechtes in der Öffentlichkeit aufzutreten.

»Auch zum Fasching sei er immer in der Rolle eines Mannes gegangen (z. B. als gestiefelter Kater, als Neandertaler oder persischer Prinz)« (Fall1_FzM10, Abs. 26).

»Zum Fasching habe T. unbedingt als Eisprinzessin gehen wollen, was er auch habe machen dürfen. Er habe ein weißes Kleid getragen und sei geschminkt gewesen« (Fall3_MzF10, Abs. 32).

An diesem Punkt enden bereits die Gemeinsamkeiten zwischen Trans*Männern und Trans*Frauen, wenn es um die Erfahrungswelt mit gegengeschlechtlicher Kleidung geht. In einem vollen Gegensatz zu dem geschilderten Selbstbewusstsein, welches Trans*Jungen beim Tragen männlicher Kleidung ausstrahlten, deutet sich bereits in dem Zitat der zweiten Trans*Frau an, dass der Umstand des Tragens weiblicher Kleidung bei Trans*Frauen wesentlich angstbesetzter ist. Aus diesem Grund werden die Signale, welche über das Tragen von Schmuck, weiblicher Kleidung und langen Haaren ausgesendet werden, verschlüsselt und nicht direkt präsentiert. Zu dieser Verschlüsselung zählt unter anderem das Aufgreifen von

Anlässen, bei denen das Tragen gegengeschlechtlicher Kleidung legitimiert ist, oder auch das Austesten der Wirkung dieser Kleidung in einer fremden Stadt, um der Gefahr der Entdeckung durch Bekannte zu entgehen.

> »Er sei vor allem von schönen Kleidern und Schuhen fasziniert gewesen. Man habe sich darüber keine ernsten Gedanken gemacht, es sei eher als etwas Niedliches empfunden worden. Er habe schon als kleines Kind immer wieder versucht Hackenschuhe anzuziehen« (Fall3_MzF10, Abs. 28).

> »In der zweiten Klasse habe sie Schulkameraden überreden können die Gruppe ›Queen‹ als Playback-Coverband zu imitieren. Hierfür sei sie wie Freddie Mercury (Frontsänger der Band) in Frauenkleidern herumgesprungen, während die restlichen ›Bandmitglieder‹ Kissen in Gitarrenform haltend im Hintergrund gestanden haben. In der Kleidung der Mutter habe sie hier ungeächtet Spaß haben dürfen« (Fall13_MzF10, Abs. 29).

Nach der Kleidung sind es das *Spielverhalten* und der *ausgewählte Freundeskreis*, die für die betrachteten Personen von großer Bedeutung sind, um eine gegengeschlechtliche Identität zu signalisieren. Auch innerhalb dieser Kategorie können große Unterschiede zwischen den Geschlechtern festgestellt werden. Nutzen 90,8% der Trans*Jungen die Möglichkeit, den Eltern, Geschwistern, Verwandten, Bekannten oder auch Klassenkameraden und Freunden ihre männlich geprägte Identität durch ein ›männliches‹ Spielverhalten und einen entsprechenden Freundeskreis zu suggerieren, waren bei den Trans*Mädchen nur 56,5% ›mutig genug‹, um diese Signale auszusenden. Zudem wiederholten die Trans*Jungen dieses Mitteilungsverhalten deutlich häufiger (HF = 1,72), als sich dies die Trans*Mädchen trauten (HF = 1,48) (siehe hierzu Tab. 2). Trotz dieser großen Differenzen unterscheiden sich die Vorgehensweisen derer, die ein solches Verhalten zeigen, nicht wesentlich. Vielmehr ist ein sehr stereotypes Muster (im Wunschgeschlecht) erkennbar, wie sich beispielhaft an der Inanspruchnahme bestimmter Rollen im Spiel ›Vater-Mutter-Kind‹ und in anderen Rollenspielen veranschaulichen lässt.

> »Auch bei anderen Spielen, bei denen die Mädchen z. B. irgendwo ›gefangen‹ waren, während die Jungs diese retten mussten, habe er sich immer geweigert bei den Mädchen zu bleiben und habe immer bei den Jungs mitmachen wollen, was irgendwann dazu geführt hätte, dass man ihn regelmäßig vom Spiel ausgeschlossen hätte« (Fall17_FzM08, Abs. 23).

> »So habe sie sich überwiegend für Puppen interessiert und beim Mutter-Vater-Kind spielen immer die Mutterrolle übernommen« (Fall23_MzF10, Abs. 30).

> »In vielen Rollenspielen (beispielsweise Prinzessin, die von Rittern vor Drachen gerettet wird) hätten sich jedoch Gelegenheiten geboten, die weiblichen Rollen spielerisch einzunehmen, was sie sehr gemocht habe« (Faal8_MzF10, Abs. 26).

Dieses konträre und sehr stereotyp auf vermeintlich typisch gegengeschlechtliche Interessen ausgelegte Spielverhalten, das stellenweise fast ein bisschen überzeichnet wirkte, setzt sich auch deutlich in der Wahl der Spiele fort.

> »Rollenspiele (Familie) und Puppen seien langweilig gewesen und er habe nichts damit anfangen können. Mit dem Kinderwagen, der ein Geschenk zum sechsten Geburtstag gewesen sei, habe er auch nichts anfangen können, auch nachdem seine Mutter ihm gezeigt habe, wie man mit der Puppe spiele. Dies sei nur langweilig gewesen und er habe lieber nach Piratenschätzen gebuddelt und sich für Mineralien und Insekten interessiert« (Fall18_FzM10, Abs. 26).

> »Ihre frühesten Erinnerungen reichen in die Zeit des Besuches des Kindergartens zurück. Sie habe dort lieber mit den Mädchen gespielt, vor allem aber habe sie deren hübsche Kleider bewundert und sei traurig gewesen, nicht selbst so etwas anziehen zu dürfen. An als jungstypisch geltendem Spielzeug habe ihr nichts gelegen, sie habe damals im Kindergarten lieber mit der Puppenstube gespielt« (Fall2_MzF10, Abs. 30).

Die Wahl des Freundeskreises schließt sich dieser dem Umfeld vermutlich bewusst suggerierten Eindeutigkeit an. Dabei ist anzumerken, dass diese Signale ohne eine gewisse Vereindeutigung der Interessen durch die Heranwachsenden ihre erhoffte Wirkung wahrscheinlich einbüßen würden.

> »Auch für den Zeitraum der Pubertät gab die zu begutachtende Person an, nur mit Mädchen befreundet gewesen zu sein. Sie habe mit ihren Freundinnen des Öfteren die Kleidung getauscht und mit ca. 13 oder 14 begonnen, sich den BH auszustopfen« (Fall10_MzF10, Abs. 31).

Bei den Trans*Jungen wie bei den Trans*Mädchen rangiert an dritter Position der gewählten Sensibilisierungsstrategien das *Auftreten* in der Öffentlichkeit mit Attitüden des Gegengeschlechts. Die greifbarsten Unterschiede in der Durchführung dieser Strategie bestehen darin, dass die Trans*Männer frühzeitiger, also bereits im Kindergarten- und Schulalter, entsprechend maskulin auftraten und dieses Auftreten zudem stärker an ein männlich geprägtes Verhalten und weniger an männliche Kleidung knüpften.

»Ich habe mich schon immer wie ein Junge verhalten. [...] An meinem Verhalten änderte sich auch in der Grundschule nichts. Ich entwickelte mich zunehmend zu einem ›Raufbold‹. [...] Tatsächlich bin ich sowohl in der Grundschule als auch im Hort in viele Schlägereien geraten und hatte immer das Gefühl meine Kraft und meinen Mut unter Beweis stellen zu müssen. Ich musste genauso schwere Sofas verschieben können, Bäume genauso schnell hochklettern können und im Urlaub von genauso hohen Klippen ins Meer springen wie die älteren Jungs, selbst wenn ich nur mit Schwimmflügeln schwimmen konnte« (Fall6_FzM09, Abs. 3–12).

»In der Schule war ich auch immer eigentlich der kleine niedliche Junge und fühlte mich auch so. Ich beschützte die Mädchen wenn sie geärgert wurden, ich prügelte mich mit Jungs in der Grundschule und spielte mit Jungs« (Fall19_FzM08, Abs. 2).

Bei den Trans*Mädchen zeigte sich ein weibliches Auftreten in der Öffentlichkeit in den meisten Fällen erst im Erwachsenenalter und mit einem deutlich stärker ausgeprägten Bewusstsein über das eigene Tun. In gleichem Maße wie sich das Auftreten als Frau bei ihnen als bewusster Akt herausstellt, gewinnt der Wunsch nach einem eindeutig weiblichen Outfit zunehmend an Bedeutung.

»Als sie mit 18 eine eigene Wohnung gehabt habe, habe sie sich manchmal zu Hause als Frau fertig gemacht und sei mit dem Auto allein in eine Großstadt gefahren, wo sie anonym als Frau herumlaufen konnte. Sie sei zweimal pro Monat so nach M. gefahren und habe genossen, in den Straßen als Frau spazieren zu können und dabei nicht]erkannt zu werden. Sie habe dort regelmäßig eine Bar besucht, wo sich hauptsächlich Schwule und Lesben getroffen haben. Hier habe sie oberflächliche Freundschaften geknüpft« (Fall11_MzF08, Abs. 43).

2.1.3 Die Adressat*innen der ausgesandten Signale

An wen wurden die soeben erläuterten Signale zu großen Teilen gesendet? Eine umfassende Darstellung der Adressaten dieser Signale findet sich in der nachstehenden Tabelle 3.

Wem wurden die Signale mitgeteilt?	Transformationsrichtung					
	FzM			MzF		
	Personen n = 109	Nennungen n = 1020	HF	Personen n = 161	Nennungen n = 693	HF
nicht näher bezeichnetes Umfeld	78 (71,6%)	173 (11,2%)	2,22	74 (46,0%)	127 (14,9%)	1,72
Geschwister	35 (32,1%)	64 (4,1%)	1,83	21 (13,0%)	29 (3,4%)	1,38
Bekannte	53 (48,6%)	97 (6,3%)	1,83	27 (16,8%)	33 (3,9%)	1,22
Eltern	107 (98,2%)	421 (27,3%)	3,93	91 (56,5%)	197 (23,0%)	2,16
Freund*innen	102 (93,6%)	286 (18,5%)	2,80	60 (37,3%)	104 (12,2%)	1,73
Erzieher*innen/ Lehrer*innen/ Dozent*innen/ Trainer*innen in Vereinen	65 (59,6%)	113 (7,3%)	1,74	35 (21,7%)	47 (5,5%)	1,34
Spielgefährt*innen im Kindergarten/ Schulkamerad*innen/ Mitstudent*innen	86 (78,9%)	223 (14,4%)	2,59	77 (47,8%)	136 (15,9%)	1,77
(Sexual-)Partner*innen	50 (45,9%)	89 (5,8%)	1,78	66 (41,0%)	109 (12,7%)	1,65

Tab. 3: Auswertung der Kategorie »Wem wurden die Signale mitgeteilt?«

Die Eltern stellen bei den Trans*Jungen wie -Mädchen als primäre Sozialisationsinstanz den zentralen Adressaten für ausgesandte Signale dar. Augenfällig ist hierbei, dass fast alle Trans*Jungen (98,2%) versuchten ihren Eltern einen Hinweis auf die gefühlte ›Andersartigkeit‹ zu geben, während nur rund die Hälfte der Trans*Mädchen (56,5%) gegenüber ihren Eltern entsprechende Signale kommunizierten. Gleichsam differiert die Frequenz der Gabe solcher Hinweise. Es zeigt sich hier ein deutliches Gefälle hin zu den Trans*Mädchen (vgl. FzM HF = 3,93 vs. MzF HF = 2,16) (siehe hierzu und nachfolgend Tab. 4).

Dem Freundeskreis kommt, insbesondere bei den Trans*Jungen, bei der Signalisierung der Trans*Geschlechtlichkeit eine nahezu gleichrangige Bedeutung zu. 93,6% der betrachteten Trans*Jungen haben im Laufe ihres Lebens Andeutungen gegenüber ihren Freunden gemacht. Innerhalb ihres Freundeskreises zeigten sich die trans*geschlechtlichen Mädchen wesentlich zurückhaltender: Nur rund ein Drittel kommunizierte Freunden gegenüber ihre innere Weiblichkeit Dieser Umstand spiegelt sich auch in der Differenz der Häufigkeitsfaktoren von 1,07 wider.

Die Bedeutung, die die Freunde für die Trans*Jungen als Adressat*innen einnehmen, haben bei den Trans*Mädchen die Spielgefährt*innen im Kindergarten, die Schulkamerad*innen beziehungsweise die späteren Mitstudent*innen inne. Bei den Trans*Jungen rangiert dieser Personenkreis erst an dritter Position. Jedoch sind die Trans*Jungen auch gegenüber ihnen wesentlich bereiter Einblicke in ihr Denken und Fühlen zu ermöglichen. Immerhin 78,9% der Trans*Jungen vertrauten ihren Spielgefährt*innen im Kindergarten, den Klassenkamerad*innen oder Kommiliton*innen eindeutige Signale an, während lediglich 47,8% der trans*geschlechtlichen Mädchen solcherlei Andeutungen zuließen. Bei ihnen wiederholte sich dieses Geschehnis auch deutlich seltener als bei den Jungen.

Mit 41,0% noch vergleichsweise stark vertreten, öffnen sich die Trans*Mädchen auch in günstigen Situationen gegenüber ihren (Sexual-)Partner*innen.

Große Unterschiede in der Kommunikationsbereitschaft zeigten sich zwischen Trans*Jungen und -Mädchen auch gegenüber Geschwistern, Bekannten, Personen mit Bildungsfunktion (wie Erzieher*innen, Lehrer*innen, Dozent*innen oder Trainer*innen in Vereinen) sowie gegenüber einem nicht näher bezeichneten Umfeld einer breiteren Öffentlichkeit. Der Code »nicht näher bezeichnetes Umfeld« meint hierbei ein breites Umfeld nicht näher benannter Personen wie beispielsweise zufällige Passanten auf der Straße. Gegenüber jeder dieser Personengruppen zeigten sich die Trans*Jungen hinsichtlich ihrer ›abweichenden‹ Geschlechtsidentität kommunikationsfreudiger und waren weniger auf Verbergung bedacht.

2.1.4 Wann wurde sich mitgeteilt?

In welchem Lebensabschnitt war es den trans*geschlechtlichen Personen besonders wichtig, das soziale Umfeld auf ihre konträre geschlechtliche Identität aufmerksam zu machen? Tabelle 4 visualisiert die aus der Analyse extrahierten Ergebnisse. Annähernd alle Trans*Männer (97,2%) sandten bereits während ihrer Kindertage entsprechende Signale aus, die deren Umgebung auf ihre männliche Identität stoßen sollten. Dieses Unternehmen wiederholten sie sehr häufig (HF = 4,32). Allein dieses Ergebnis skizziert bereits die größte Abweichung gegenüber den Trans*Frauen. Diese trauten sich zwar auch zumeist in ihrer Kindheit dem Umfeld Andeutungen zu machen, jedoch wesentlich verhaltener. Von ihnen

Wann wurden die Signale mitgeteilt?	Transformationsrichtung					
	FzM			MzF		
	Personen n = 109	Nennungen n = 939	HF	Personen n = 161	Nennungen n = 635	HF
Kindesalter	106 (97,2%)	458 (48,8%)	4,32	108 (67,1%)	263 (41,4%)	2,44
Jugendalter	98 (89,9%)	319 (34,0%)	3,26	84 (52,2%)	161 (25,4%)	1,92
Erwachsenenalter	69 (63,3%)	162 (17,3%)	2,35	95 (59,0%)	211 (33,2%)	2,22

Tab 4: Auswertung der Kategorie »Wann wurden die Signale mitgeteilt?«

wagten dies nur etwa zwei Drittel (67,1%) und eine Wiederholung wurde häufiger unterlassen (HF = 2,44). Große Differenzen zeigten sich in der Phase der Jugend. In dieser war es für die Trans*Frauen augenscheinlich besonders schwierig Weiblichkeit an sich zuzulassen und diese dann auch noch anderen zu offenbaren (52,2%). Die Trans*Männer konnten auch während der Pubertät mit ihrer Nichtpassung in die weibliche Rolle besser umgehen und dies kommunizieren (89,9%).

2.1.5 Vermeidungstendenzen: Unterdrückung und Verbergung

Nachstehend werden die Folgewirkungen einer Sozialisation mit vielen negativen Sanktionen einer tiefer gehenden Betrachtung unterzogen. Die Kategorie der Unterdrückung bezieht sich hierbei auf Personen, die ihre eigene Trans*Geschlechtlichkeit negieren, während die Kategorie der Verbergung Menschen erfasst, die unter Umständen die vorhandene Trans*Geschlechtlichkeit anerkennen, sie jedoch (noch) nicht in ihr unmittelbares Umfeld tragen möchten.

Bei der Tendenz, das Gefühl trans*geschlechtlich zu sein, zu unterdrücken oder zu verbergen, lassen sich deutliche Unterschiede zwischen Trans*Männern und -Frauen feststellen (siehe Tab. 5). Überblickt man die Prozentwerte der Personen, die im Laufe ihres Lebens den Zwang verspürten, ihre wahre Identität zu unterdrücken oder zu verbergen, kommt man zu dem Schluss, dass die Trans*Frauen wesentlich stärker gegen ihr inneres Empfinden vorgegangen sind. Bei beiden Personengruppen lag der Schwerpunkt dieser retardierend wirkenden Aktivitäten in der Phase der Kindheit und Jugend. Es kann festgestellt werden, dass das Unterdrücken der aufkeimenden männlichen Identität innerhalb der Gruppe der Trans*Männer im Vordergrund steht. Sobald die Zugehörigkeit zum männlichen Geschlecht jedoch angenommen werden kann, wird diese nicht übermäßig vor den Mitmenschen verborgen. Der Zwang zur Verbergung sinkt bei ihnen mit zunehmendem Lebensalter erheblich. In diesem Punkt findet sich die deutlichste Abweichung zu den Trans*Frauen. Im unterdrückenden Verhalten unterscheiden diese sich in Frequenz und prozentualer Verteilung kaum von den Trans*Männern. Sie waren jedoch über alle Lebensphasen hinweg um ein Vielfaches bemühter, die an sich entdeckte ›Andersartigkeit‹ nach außen abzuschirmen. Dies lässt darauf schließen, dass sie hinsichtlich ihrer Trans*Geschlechtlichkeit mit wesentlich weniger gesellschaftlicher Akzeptanz rechneten und aus diesem Grund auf einen normgerechten Schein bedacht waren. Die trans*geschlechtlichen Frauen sandten also nicht nur weniger Signale aus, sondern versuchten auch gezielt Verdachtsmomente zu vermeiden – ein Verhalten, das sie der Chance beraubt, möglicherweise auch akzelerierend wirkenden Zuspruch von wichtigen Bezugspersonen zu erhalten.

	Transformationsrichtung					
	FzM			MzF		
	Personen n = 109	Nennungen n = 180	HF	Personen n = 161	Nennungen n = 617	HF
Im Kindes- und Jugendalter:						
***Unterdrückung* normabweichenden Verhaltens**	40 (36,7%)	60 (33,3%)	1,50	57 (35,4%)	81 (13,1%)	1,42
***Verbergung* normabweichenden Verhaltens**	33 (30,3%)	49 (27,2%)	1,48	107 (66,5%)	249 (40,4%)	2,33
Im Erwachsenenalter:						
***Unterdrückung* der Identität bis ins Erwachsenenalter**	30 (27,5%)	50 (27,8%)	1,67	59 (36,6%)	108 (17,5%)	1,83
***Verbergung* der Identität bis ins Erwachsenenalter**	14 (12,8%)	21 (11,7%)	1,50	82 (50,9%)	179 (29,0%)	2,18

Tab. 5: Auswertung der Kategorie »Unterdrückung und Verbergung«

Betrachtet man die Tendenz zum *Unterdrücken des ›normabweichenden‹ Verhaltens während der Kindheit und Jugend*, zeigen sich nicht nur rein quantitativ ähnliche Zahlenwerte; auch qualitativ können viele Überlappungen zwischen

Trans*Jungen und -Mädchen festgestellt werden. In weiten Teilen wird von den Jungen, wie auch vonseiten der Mädchen, sehr klar auf den Einfluss der ›primären Sozialisationsinstanz Elternhaus‹ referiert, wenn sie die Gründe für ihr selbsteinschränkendes und unterdrückendes Verhalten angeben.

> »Eine Situation die sich besonders in ihr Gedächtnis einbrannte, sei gewesen als sie im Alter von 5 Jahren als Mädchen verkleidet mit einer Freundin in ihr Elternhaus kam. Sie habe sich in dieser Situation sehr gut gefühlt und gleichzeitig bedauert, dass sie kein Mädchen sei. Der Vater sei über diese Kleidung förmlich ausgerastet und habe in nicht nachvollziehbarer Weise erregt reagiert und sie habe die Kleidung sofort ausziehen müssen. Sie sei ein Junge und habe sich auch so zu kleiden. Die beschriebene Situation sieht sie als Schlüsselsituation an. Seit diesem Ereignis habe sie sich eher dem männlichen Geschlecht konform verhalten und ihre Weiblichkeit verdrängt und sich gegen die inneren Sehnsüchte total verschlossen« (Fall20_MzF09, Abs. 66).

Weitere Parallelen finden ihren Ausdruck im gleichermaßen verdrängenden Drogenkonsum, der Internalisierung der Annahme, dass es sich zwingend um eine vorübergehende Phase handle, sowie der Überzeugung noch bis in das Erwachsenenalter warten zu müssen. Gerade bei der Annahme, dass es sich um eine vorübergehende adoleszente Phase handle und man erst im Erwachsensein eine freie Entscheidungskompetenz besitze, zeigt sich deutlich die ständig präsente Relevanz der ›Sozialisationsinstanz Elternhaus‹.

> »Meine Mutter meinte immer, das ist nur eine Phase das geht vorbei. Ich hab es daher irgendwie immer vor mir hergeschoben und ihre Worte so hingenommen. Seit nunmehr über sieben Jahren (also ca. 1999/2000) hatte ich immer darauf gewartet das diese sogenannte Phase vorbeigeht aber sie ist nicht vorbeigegangen es wurde eher immer schlimmer« (Fall3_FzM07, Abs. 14–15).

Drei Arten der Unterdrückung waren jedoch nur bei den trans*geschlechtlichen Mädchen nachweisbar. Dies sind die Verdrängung aufgrund erster positiver sexueller Erlebnisse, das Wegwerfen heimlich getragener gegengeschlechtlicher Kleidung und das Ziel einen erarbeiteten ›guten Ruf‹ aufrechtzuerhalten.

> »Mit 19 Jahren habe die zu Begutachtende ihre ersten sexuellen Kontakte mit einer Frau erlebt. In der Folge habe sie erneut versucht, ein Leben als Mann zu führen« (Fall9_MzF10, Abs. 42).

> »In der Pubertät sei es dann zu einer Verdrängungsphase gekommen, da sie es nicht mehr ausgehalten habe für ihre Art verhöhnt und kritisiert zu werden« (Fall13_MzF10, Abs. 31).

Das beschriebene Muster des Unterdrückens normabweichenden Verhaltens während der Kindheits- und Jugendtage setzt sich in gleicher Weise bis in das *Erwachsenenalter* der betreffenden Personen fort. Aus diesem Grund wird darauf verzichtet, Belegtextstellen anzuführen, die bereits analysierte Inhalte lediglich wiederholen würden. Stattdessen sei an dieser Stelle auf einen quantitativen Unterschied hingewiesen, der die Verschiedenheit der Erlebnisstruktur der Trans*Frauen und -Männer aufzeigt. Während bei den trans*geschlechtlichen Männern der Prozentsatz derer, die noch im Erwachsenenalter ihre Identität zu unterdrücken suchen, um mehr als zehn Prozentpunkte abfällt, steigt dieser Wert bei den trans*geschlechtlichen Frauen sogar noch leicht an (siehe Tab. 5). Dies zeigt, dass bei den Trans*Frauen eine gleichbleibende Tendenz besteht, die gefühlte Weiblichkeit nicht wahrhaben zu wollen, bei den Trans*Männern hingegen mit der zunehmenden Reife auch eine wachsende Akzeptanz der inneren Männlichkeit einhergeht.

Die *Verbergungstendenzen im Kindes- und Jugendalter* sind bei den Trans*Mädchen in sehr hohem Maße ausgeprägt. Zwei Drittel (66,5%) gaben an, ihre gefühlte konträre Geschlechtsidentität in der Zeit ihres Heranwachsens vor anderen Menschen verborgen zu haben. Ein Häufigkeitsfaktor (HF) von 2,33 zeigt an, dass diese Verheimlichung der ›Andersartigkeit‹ oft wiederholt wurde. Der Hauptfaktor bei dem Wunsch die Trans*Geschlechtlichkeit zu verbergen lag für die Männer wie auch für die Frauen darin begründet, die vermeintlichen Erwartungen der eigenen Eltern und Mitschüler*innen nicht enttäuschen zu wollen.

> »Wenn er Mädchengeschenke bekam, habe er sich unter Druck gesetzt gefühlt, sich zu freuen, hätte aber lieber die ›coolen‹ Sachen wie Baukästen und Autos haben wollen. […] Er habe viel lieber mit den Jungs Fußball spielen wollen, sich aber bei den Mädchen aufgehalten ohne sich richtig zugehörig zu fühlen« (Fall21_FzM10, Abs. 30–31).

> »In der Zeit vom sechsten bis zum zwölften Lebensjahr habe der zu Begutachtende aus Angst vor den Reaktionen der Mitschüler und durch den Druck der Eltern begonnen, sich anzupassen. Er habe sich innerlich zurückgezogen. Er habe für Mädchen typische Kleidung angezogen, habe sich die Haare lang wachsen lassen und habe versucht, sich bei den Mädchen einzuordnen« (Fall21_FzM08, Abs. 26).

»Es sei in Ihrer Familie stets üblich gewesen, Probleme und Abnormalitäten ›totzuschweigen‹. Auf ihr Verhalten habe sie häufig Aussprüchen wie ›so etwas gibt es nicht, das ist pervers‹ oder ›Heul nicht immer‹ zu hören bekommen. Deshalb sei es der zu Begutachtenden als Kind schwergefallen, ihre Vorlieben auszuleben« (Fall1_MzF10, Abs. 57).

»Während der gesamten Grundschulzeit sei ihr immer bewusster geworden, wie anders sie sei und sie sei auch zu dem Schluss gekommen, dies verstecken zu müssen« (Fall13_MzF10, Abs. 28).

In Abweichung von den Trans*Jungen zeigt sich bei den Trans*Mädchen, wie bereits in der Einführung zu diesem Kapitel erwähnt, noch ein besonderes Phänomen. Einigen Fällen lässt sich entnehmen, dass sie in der Adoleszenz nicht nur darauf bedacht sind, konform einer ›männlichen‹ Rollennorm aufzutreten, sondern zudem peinlich darauf achten jeglichen Anschein von Weiblichkeit zu vermeiden statt diese zu kommunizieren.

»Dort habe man im Sportunterricht meist Jungen- gegen Mädchenteams antreten lassen. Sie habe bei den Jungen gespielt und dort immer ein unangenehmes Gefühl gehabt, außerdem die Angst, jemand könne sie plötzlich zu den Mädchen schicken. […] In dieser Zeit habe sie immer mehr und mehr darunter gelitten als sensibel, schwach und mädchenhaft bezeichnet bzw. kritisiert zu werden. In einem wichtigen Fußballspiel sei sie mit 10 oder 11 Jahren von aufgebrachten Vätern ausgebuht worden (z. B. ›So ein Mädchen ist Kapitän!‹) was sie zum Weinen gebracht habe« (Fall13_MzF10, Abs. 28–30).

»Herr R. sei eher damit beschäftigt gewesen, gegen mögliche weibliche Äußerlichkeiten mitunter anzukämpfen, welche er immer mal wieder von Mitschülern rückgemeldet bekommen habe« (Fall27_MzF10, Abs. 34).

Die bedeutendste Verschiedenheit, auf der auch der große prozentuale *Unterschied der Verbergungstendenzen über alle Lebensphasen* beruht, liegt in der Tatsache begründet, dass für die Trans*Mädchen und -Frauen die weibliche Kleidung eine wesentlich größere Bedeutung beim Ausleben der innerlichen Identität einnimmt, als dies bei Trans*Jungen und -Männern der Fall ist. Diese Bindung an die Kleidung des weiblichen Geschlechts, um sich selbst als Frau ausleben zu können, bringt jedoch einen immensen logistischen Aufwand mit sich, der betrieben werden muss, wenn einer Entdeckung entgangen werden will. Hier verbinden sich die soeben geschilderten Gefühle der Peinlichkeit, weibliche Attribute zu besitzen, mit der unbedingten Verknüpfung von Weiblichkeit mit weiblicher Kleidung. Allein die Vorstellung in einem Kleid oder Ähnlichem ertappt zu werden, löst bei vielen Trans*Mädchen und -Frauen panikartige Reaktionen aus. Die Beschreibung der teilweise sehr umfangreichen Verbergungsbemühungen füllt weite Teile der Lebensläufe und bleibt unabhängig von den Lebensphasen gleich stark präsent.

> »Etwa in dieser Zeit habe ich auch mit dem Crossdressen begonnen. Anfangs leistete die Kostümkiste noch gute Dienste; später habe ich dann angefangen mich am Kleiderschrank meiner Schwester zu bedienen. Dies umfasste Unterwäsche, Badekleidung und ging bis hin zur Oberbekleidung, Hauptsache schön feminin. Zeitweise fand ich es erregend, aber es ging immer darüber hinaus. Ich liebte es, wenn ich mehrere Lagen Kleidung übereinander hatte und sich durch ausstopfen weibliche Formen ergaben. Das gefiel mir so gut, dass [ich] über Jahre hinweg zeitweise fast jede Nacht während der Schulzeit aufgeblieben bin und gewartet habe, bis meine Eltern schlafen gingen, um dann in der Kleidung, bis der Wecker klingelte schlafen zu können. Lange Zeit dachte ich, dies sei irgendwie krank oder pervers und ich fühlte mich schuldig und bat Gott darum er möge mir helfen davon loszukommen. Zeitweise war ich sehr religiös, was die Schuldgefühle zusätzlich verstärkte. Verständlicherweise betrieb ich einen enorm großen Aufwand dies zu verstecken. Und umso mehr ich versuchte alles zu verstecken, desto mehr war ich darauf bedacht nichts zu sagen, was zu viel hätte verraten können. Nicht einmal meinem Tagebuch habe ich das anvertraut; auch dort finden sich nur indirekte Andeutungen. Das führte dazu, dass ich mit der Zeit immer verschlossener wurde. Tatsache ist, dass man zwar bemerkte, dass ein paar Kleidungsstücke fehlten, aber keiner hat damals je herausbekommen, dass ich diese hatte« (Fall24_MzF07, Abs. 11).

3 Zusammenfassung

Situationsübergreifend konnte festgestellt werden, dass die Trans*Jungen deutlich aktiver in ihre Lebensgeschichte eingriffen und sich den Freiraum zum (aus)leben ihrer männlichen Identität erkämpften bzw. dieser ihnen durch ihr Umfeld ermöglicht wurde. Während alle trans*geschlechtlichen Männer von solchen Erlebnissen in ihrer Kindheit und Jugend berichten konnten, trifft dies nur auf zwei Drittel der trans*geschlechtlichen Frauen zu. Von denjenigen Frauen, die von solchen Erfahrungen berichten konnten, wurde jedoch oftmals von einer Wiederholung abgesehen, da ihr Verhalten nicht selten negativ sanktionierende Reaktionen

– vornehmlich durch ihr Elternhaus – hervorrief. In diesen Zusammenhang ist auch das Ergebnis zu setzen, dass die trans*geschlechtlichen Jungen eindeutigere Signale ihrer männlichen Identität an ihre Umgebung aussandten, während die Trans*Mädchen viel bedachter und verschlüsselter mit solchen Andeutungen umgingen. Zumeist wurden von beiden Gruppen ›gegengeschlechtliche‹ Kleidung, ein für das ›andere‹ Geschlecht ›typisches‹ Spielverhalten samt einem zugehörigen Freundeskreis sowie ein entsprechendes Auftreten mit ›konträrgeschlechtlichem‹ Habitus als Signalisierungsinstrumente gewählt. Adressiert wurden diese Signale in erster Linie an die eigene Familie, deren Funktion als ›primäre Sozialisationsinstanz‹ in diesem Zuge eine besondere Bedeutung erhält. Gerade um das Tragen weiblicher Kleidungsstücke vonseiten der Trans*Mädchen nicht offenkundig werden zu lassen, wird über alle Lebensphasen hinweg ein ausgeklügeltes und kräftezehrendes Verbergungsmanagement betrieben. Sie waren jedoch nicht nur um ein Vielfaches bemühter ihre Trans*Geschlechtlichkeit vor dem Nahumfeld zu verbergen, sondern unterdrückten diese auch deutlich stärker vor sich selbst. Bei beiden Gruppen zeigten sich diese retardierend wirkenden Vermeidungsstrategien während der Kindheit und Jugend am stärksten, weshalb es gerade in diesen Lebensphasen besonders auf ein positiv unterstützendes Umfeld ankommt, welches diese zaghaft ausgetesteten Signale zu interpretieren weiß.

Literatur

Geulen, D. & Hurrelmann, K. (1980). Zur Programmatik einer umfassenden Sozialisationstheorie. In U. Hurrelmann (Hrsg.), *Handbuch der Sozialisationsforschung*. Weinheim: Beltz.

Hurrelmann, K. (2006). *Einführung in die Sozialisationstheorie*. Weinheim und Basel: Beltz Verlag.

Kruijver, F.P.M., Zhou, J.-N., Pool, C.W., Michel, A., Hofman, L., Gooren, J.G. & Swaab, D.F. (2000). Male-to-Female Transsexuals Have Female Neuron Numbers in a Limbic Nucleus. *The Journal of Clinical Endocrinology & Metabolism, 85*(5), 2034–2041. http://jcem.endojournals.org/content/85/5/2034.full?ref=hanzuo.com (2.2.2016).

Naß, A. (2016). Trans*identität – Eine soiologische Betrachtung zur Wahl des Zeitpunktes der Transition. In Schochow, M., Gehrmann, S. & Steger, F. (Hrsg.), *Inter* und Trans*identitäten: Ethische, soziale und juristische Aspekte* (S. 303–334). Gießen: Psychosozial-Verlag.

Schneider, H., Schaaf, L. & Stalla, G.K. (2007). Transsexualität. In Schölmerich, J.S. Burdach, H. Drexler, M. Hallek, W. Hiddemann, W.H. Hörl, H.E. Klein, M. Landthaler, K. Lenz, K. Mann, J. Mössner, U. Müller-Ladner, J. Reichen, W. Schmiegel, J.O. Schröder, W. Seeger, W. Stremmel, N. Suttorp, L.S. Weilemann, J.C. Wöhrle, J.A. Zeun (Hrsg.), *Medizinische Therapie 2007/2008* (S. 721–725). Heidelberg: Springer Medizin Verlag. http://link.springer.com/book/10.1007/978-3-540-48554-4 (2.2.2016).

Zhou, J.-N., Hofman, M.A., Gooren, L.J.G. & Schwaab, D.F. (1995). A sex difference in the human brain and its relation to transsexuality. *Letters to Nature, 378*, 68–70. http://www.nature.com/nature/journal/v378/n6552/abs/378068a0.html (2.2.2016). DOI:10.1038/378068a0

Einstellungen, Wissen und Verhalten gegenüber Trans*- und geschlechtsnonkonformen Personen

Ulrich Klocke

Einleitung

Weshalb erleben Menschen Unbehagen, wenn sie sich über das Geschlecht ihres Gegenübers unsicher sind? Weshalb reagieren sie mit Ablehnung, wenn eine als Mann kategorisierte Person feminines oder eine als Frau kategorisierte Person maskulines Verhalten zeigt? Die Forschung zu Einstellungen und Verhalten gegenüber trans*geschlechtlichen Personen steckt noch in den Kinderschuhen. Es gibt allerdings mittlerweile umfassende Forschung dazu, wie Vorurteile generell zustande kommen und wie sie sich abbauen lassen. Unter *Vorurteilen* sollen hier negative Urteile (also ablehnende Einstellungen und Überzeugungen) gegenüber einer Person auf der Basis einer (ihr zugeschriebenen) Gruppenzugehörigkeit verstanden werden. Zu Homophobie (also Vorurteilen gegenüber Lesben und Schwulen) gibt es mittlerweile viele Studien. Da Homophobie und Trans*Phobie deutlich miteinander zusammenhängen, ist zu vermuten, dass die Ergebnisse der Forschung zu Homophobie meist auch für Trans*Phobie gelten. Der vorliegende Beitrag wird also nicht nur auf die Studien zu Trans*Phobie eingehen, sondern auch die Forschung zu Homophobie und zu Vorurteilen generell berücksichtigen. Doch zunächst stellt sich die Frage, wie denn die Situation von trans*geschlechtlichen Menschen in Deutschland ist, konkreter: welche Einstellungen, welches Wissen bzw. Unwissen und welches Verhalten die Mehrheitsgesellschaft gegenüber Trans* zeigen.

1 Wie sind Vorurteile gegenüber Trans*- und geschlechtsnonkonformen Personen in Deutschland ausgeprägt?

Leider gibt es bisher nur wenige repräsentative Untersuchungen zu Einstellungen gegenüber Trans* in Deutschland. Hinsichtlich Wissen und Verhalten sieht die Situation noch dürftiger aus. Eingehen möchte ich auf zwei Befragungen, eine durch das Institut *Sinus Sociovision GmbH* im Auftrag der Antidiskriminierungsstelle des Bundes (2008), die repräsentativ für die deutschsprachige Wohnbevölkerung ab 18 Jahren war, und eine andere mit Schüler_innen der sechsten, neunten und zehnten Klassen aus einer Zufallsstichprobe Berliner Schulen (Klocke, 2012), die repräsentativ für die Berliner Schularten war.

Die Sinusstudie zeigt, dass große Teile der Bevölkerung Unverständnis gegenüber Trans* äußern und existierende Diskriminierung verleugnen oder schlicht nichts darüber wissen. Der Aussage »Für Transsexuelle, das heißt, für Menschen, die ihr Geschlecht umgewandelt haben oder die es umwandeln wollen, habe ich kein Verständnis« stimmten die Hälfte der Männer und zwei von fünf Frauen zu. Fragt man nach der wahrgenommenen Stärke der Diskriminierung gegenüber verschiedenen Gruppen, stehen Trans*Geschlechtliche an zweitletzter Stelle vor der Gruppe der Männer. Die Hälfte der Befragten meinte sogar, Transsexuelle würden in Deutschland gar nicht diskriminiert. Bei Behinderten, älteren Menschen und sogar bei jungen Leuten gingen hingegen mindestens vier von fünf Personen von existierender Diskriminierung aus. Dementsprechend waren fast drei von vier Personen der Meinung, für die Gruppe der Transsexuellen solle weniger oder gar nichts getan werden.

Die Berliner Schulbefragung zeigt, dass das Unbehagen gegenüber trans*geschlechtlichen oder nicht geschlechtskonformen Personen auch bei Kindern und Jugendlichen im als weltoffen geltenden Berlin beträchtlich ist. Sieben von zehn Jungen und vier von zehn Mädchen aus den neunten und zehnten Klassen empfänden es als unangenehm, wenn eine Freundin lieber ein Junge oder ein Freund lieber ein Mädchen wäre. In den sechsten Klassen ist diese Abneigung etwas geringer. Die Vorstellung eines Freundes oder einer Freundin, der bzw. die das zugeschriebene Geschlecht ändern möchte, erzeugt deutlich mehr Abneigung als die eines schwulen oder bisexuellen Freundes oder einer lesbischen oder bisexuellen Freundin.

Wie sieht es mit dem Wissen aus? Wissen die Jugendlichen, was »Transsexualität« bedeutet, dass sie von sexueller Orientierung unabhängig und nicht änderbar ist? In einer Multiple-Choice-Frage zur Definition sind drei von fünf Schüler_innen der neunten und zehnten Klassen in der Lage die korrekte Antwort zu identifizieren. Ein knappes Drittel verwechselt Transsexualität mit Transvestismus (»sich so verkleiden und frisieren, als seien sie vom anderen Geschlecht«) und 3% mit Intergeschlechtlichkeit (»sowohl weibliche als auch männliche Geschlechtsorgane haben«). Zwei von fünf Jugendlichen wissen, dass »Männer, die sich zu einer Frau umoperieren lassen wollen« nicht »alle schwul« sind. Nur ein Viertel hingegen weiß, dass sich der Wunsch, das eigene Geschlecht anzupassen, auch im Jugendalter nicht ändern lässt.

Hinsichtlich des Verhaltens haben wir uns in der Berliner Befragung nicht im engeren Sinne auf trans*geschlechtliche Personen bezogen, da vermutlich viele Jugendliche mit diesen noch keine Erfahrungen gemacht haben und die Fragen daher nicht beantworten könnten. Wir haben aber jeweils zwei Mitschüler_innen gefragt, wie die Schüler_innen auf nicht geschlechtskonformes Verhalten reagieren. Demnach machen sich etwa die Hälfte der Schüler_innen gelegentlich über Jungen lustig, die sich »wie ein Mädchen verhalten« haben oder über Mädchen, die sich »wie ein Junge verhalten« haben. Dabei gibt es kaum Unterschiede zwischen den Geschlechtern und Jahrgängen. Die Klassenlehrer_innen reagieren darauf nach Angaben ihrer Schüler_innen sehr unterschiedlich. Nur 18% der Lehrkräfte zeigen jedes Mal, dass sie so ein Verhalten nicht dulden; 64% reagieren gelegentlich; weitere 18% reagieren jedoch nie. Ein Drittel der Lehrkräfte macht sich selbst gelegentlich über nicht geschlechtskonforme Jungen und Mädchen lustig. Nur jede siebte Lehrkraft hat in den vergangenen 12 Monaten »über transsexuelle Menschen gesprochen«.

Abneigung, Unwissen, Diskriminierung und Verleugnung von Diskriminierung gegenüber trans*geschlechtlichen und geschlechtsnonkonformen Personen sind also weitverbreitet. Lehrkräfte setzen dem nur sporadisch etwas entgegen. Das folgende Kapitel widmet sich zunächst den generellen Ursachen von Vorurteilen und anschließend der Frage, welche spezifischen Ursachen bei Vorurteilen gegenüber Trans* hinzukommen.

2 Wie kommen Vorurteile (gegenüber Trans*) zustande?

2.1 Was sind generelle Ursachen von Vorurteilen?

2.1.1 Soziale Kategorisierung

Um unsere Umwelt möglichst schnell zu verstehen und auf sie zu reagieren, greifen Menschen zu zahlreichen Vereinfachungen. Wir vereinfachen sie beispielsweise dadurch, dass wir Kategorien bilden. So wie wir Tiere, Möbel, Fahrzeuge und sonstige Objekte unserer Umwelt kategorisieren, so kategorisieren wir auch andere Menschen und fassen diese zu sozialen Gruppen zusammen. Solche Kategorisierungen geschehen permanent und automatisch, also mit wenig bewusster Steuerung. Jede Kategorie verbinden wir mit einem Set zugeschriebener Merkmale. Im Falle von sozialen Gruppen spricht man von einem *Stereotyp*. Oft werden Gruppen dabei nicht einfach neutral beschrieben, sondern die zugeschriebenen Merkmale sind positiv oder negativ gefärbt. Einige Gruppen und ihre Mitglieder werden dadurch eher gemocht oder bewundert, andere hingegen eher abgelehnt – es entstehen Vorurteile.

2.1.2 Streben nach positivem Selbstwert

Soziale Gruppen unterscheiden sich von anderen Kategorien dadurch, dass wir einigen Gruppen selbst angehören *(Eigengruppen/Ingroups)*, anderen Gruppen hingegen nicht *(Fremdgruppen/Outgroups)*. Die Forschung zur Theorie sozialer Identität (Tajfel & Turner, 1986) zeigt, wie unser Streben nach einem positiven Selbstwertgefühl zu Vorurteilen und Diskriminierung beitragen kann. Ein positives Selbstwertgefühl erhalten wir auch dadurch, dass wir die Gruppen, denen wir selbst angehören, positiv bewerten. Wenn wir beispielsweise selbst deutsch sind, ist es für unseren Selbstwert hilfreich, wenn wir die Deutschen an sich positiv bewerten, weil dann der positive Wert der Gruppe der Deutschen auf uns selbst abfärbt. Eine Möglichkeit, unsere Gruppe selbst positiv zu sehen, ist, sie im Vergleich mit anderen Gruppen besser dastehen zu lassen. Indem wir uns beispielsweise über die Oberflächlichkeit von US-Amerikaner_innen lustig machen, bewerten wir die Gruppe der Deutschen oder der Europäer_innen als vergleichsweise tiefgründig. Damit werten wir auch uns selbst als Person auf.

Unsere Tendenz Fremdgruppen abzuwerten ist vor allem dann ausgeprägt, wenn wir uns bedroht fühlen (Riek et al., 2006) – entweder ganz materiell in unserem Zugang zu knappen Ressourcen (z.B. zu Arbeitsplätzen oder staatlicher Unterstützung) oder symbolisch in unserem Selbst- oder Gruppenwert. Unseren Wert empfinden wir dann als bedroht, wenn wir uns selbst oder unsere Gruppe als diskriminiert erleben. So werten Jugendliche mit einem Migrationshintergrund aus Ländern der ehemaligen UdSSR Lesben und Schwule umso mehr ab, je stärker sie Menschen mit Migrationshintergrund in Deutschland diskriminiert sehen (Simon, 2008). Da Einstellungen zu Lesben und Schwulen stark mit Einstellungen zu Trans* zusammenhängen (Tebbe & Moradi, 2012), ist zu erwarten, dass auch Trans*Phobie durch das Erleben eigener Diskriminierung verstärkt werden kann.

2.1.3 Schutz vor Gefahren

Angst oder Abneigung gegenüber Fremden hat unsere Vorfahren dazu gebracht, möglichst wenige Risiken einzugehen, beispielsweise angegriffen zu werden oder sich mit Krankheitserregern zu infizieren, die das eigene Immunsystem überfordert hätten. Vorurteile gegenüber Fremdgruppen sind daher auch die Konsequenz eines evolutionär verankerten Prinzips (Neuberg et al., 2010). In Hinblick auf unsere Eigengruppe haben wir hingegen gelernt, dass uns deren Mitglieder meist keinen Schaden zufügen. Statt Angst erleben wir ein angenehmes Gefühl der Vertrautheit.

Dieses Prinzip der Risikovermeidung erklärt auch, weshalb wir vorschnell von negativen Einzelfällen auf die gesamte Gruppe schließen. Ein oder zwei unfreundliche Begegnungen mit arabisch sprechenden Jugendlichen genügen dann, um eine generelle Abneigung gegenüber Arabern oder Muslimen auszulösen. Generalisiert wird vor allem ausgehend von solchen Gruppenmitgliedern, die auffällig sind und mühelos der entsprechenden Gruppe zugeordnet werden können. Trans* sind in der Öffentlichkeit vor allem dann auffällig, wenn die Beobachter_innen sich des Geschlechts der Person unsicher sind. Trans*Frauen, die hinsichtlich Kleidung, Frisur und Habitus als Frau kategorisiert werden, vom Körperbau her aber als Mann, sind auffälliger als zierlichere Trans*Frauen, die auch körperlich als Frau kategorisiert werden. Teilweise erklärt sich so das Alltagsverständnis von »Transsexuellen« als »Männer, die sich als Frauen verkleiden und frisieren«.

2.1.4 Rechtfertigung von Ungleichheit

Wir haben ein Bedürfnis, unsere Welt als sicher und gerecht wahrzunehmen. Gleichzeitig nehmen wir aber wahr, dass einige Menschen und Gruppen wohlhabend, einflussreich, gesund und glücklich sind, während es anderen schlecht geht. Diese Wahrnehmung beeinträchtigt unseren Glauben an eine gerechte Welt und erzeugt eine unangenehme Dissonanz. Eine Möglichkeit, diese Dissonanz zu reduzieren, ist, zu glauben, dass jeder bekommt, was er verdient (Ross & Miller, 2002). Menschen oder Gruppen, denen es schlecht geht, sind letztlich selbst schuld an ihrer Situation. Stereotype werden also auch deshalb produziert und reproduziert, weil sie Ungleichheit rechtfertigen, sodass diese nicht mehr als eine änderungsbedürftige Ungerechtigkeit wahrgenommen werden muss. Jugendliche mit türkischem oder arabischem Migrationshintergrund bekämen dann nicht deshalb weniger leicht einen Job oder Ausbildungsplatz, weil sie diskriminiert werden, sondern weil sie ungebildet seien oder ihre Kultur nicht zu unserem Wertesystem passe. Trans* nähmen sich nicht deshalb deutlich häufiger ihr Leben, weil ihr soziales Umfeld ihnen signalisiert, dass sie falsch sind, sondern weil sie einen krankhaften Drang verspürten, sich nicht anzupassen.

Die meisten Vorurteile lassen sich also durch unsere generelle Neigung erklären, unsere Umwelt zu kategorisieren, uns selbst positiv zu sehen, uns vor potenziellen Gefahren zu schützen und Ungleichheiten zu rechtfertigen. Der folgende Abschnitt widmet sich spezifischeren Einflüssen auf Trans*Phobie, also Vorurteilen gegenüber trans*geschlechtlichen Personen.

2.2 Was sind spezifische Ursachen für Vorurteile gegenüber Trans*?

Zusätzlich zu den eben genannten Einflussfaktoren spielen für Vorurteile gegenüber Trans* auch Geschlecht, Geschlechternormen und das Bedürfnis nach schnellen und eindeutigen Entscheidungen *(need for closure)* eine Rolle.

2.2.1 Geschlechternormen

Geschlechternormen sind gesellschaftlich geteilte Vorstellungen darüber, wie Frauen und Männer sein sollen, also wie ihre Körper beschaffen sein sollen, wie sie sich inszenieren sollen (*Geschlechtsausdruck*, z. B. Kleidung, Frisur und Art sich zu bewegen), wie sie denken und fühlen sollen *(psychisches Geschlecht)* und wie sie sich verhalten sollen *(Geschlechterrolle)*. Trans*geschlechtliche Personen verletzen die Vorstellung, dass in einem weiblichen Körper geborene Personen sich später als Frauen fühlen und inszenieren und in einem männlichen Körper geborene Personen sich später als Männer fühlen und inszenieren. Es ist daher nicht erstaunlich, dass die Befürwortung traditioneller Geschlechterrollen mit negativen Einstellungen gegenüber trans*geschlechtlichen Personen einhergeht (Tebbe & Moradi, 2012).

Da Männer oft traditionellere Einstellungen zu Geschlechterrollen haben als Frauen, werten sie nicht nur Lesben und Schwule (Kite & Whitley, 1996), sondern auch Trans* stärker ab (Tebbe & Moradi, 2012). Ein sehr interessantes Forschungsprogramm erklärt diesen Geschlechterunterschied auch mit der Theorie der *prekären Männlichkeit (precarious manhood)* (Vandello & Bosson, 2013). Demnach wird Weiblichkeit in unserer Gesellschaft als im Wesentlichen biologisch bedingt wahrgenommen, während Männlichkeit immer wieder neu unter Beweis gestellt werden muss, also ›prekär‹ ist. Männer reagieren daher empfindlicher als Frauen, wenn ihre Männlichkeit in Zweifel gezogen wird, beispielsweise weil sie in einem Test scheinbar ›eher feminin‹ abschneiden, weil sie eine als ›weiblich‹ wahrgenommene Tätigkeit ausüben sollten (z. B. eine Puppe frisieren) oder weil sie sich ihrer eigenen Heterosexualität nicht sicher sind (Adams et al., 1996; Weinstein et al., 2012). Um ihre bedrohte Männlichkeit wieder herzustellen, reagieren sie mit betont ›männlichen‹ Einstellungen oder Verhaltensweisen, beispielsweise mit der Ablehnung von Homosexualität und gleichgeschlechtlichen Ehen (Willer et al., 2013). Anzunehmen ist, dass Trans*Phobie die gleiche Funktion erfüllen kann wie Homophobie. Möglicherweise kann die Theorie der prekären Männlichkeit auch teilweise erklären, weshalb trans*weibliche Personen stärker diskriminiert werden als trans*männliche Personen (FRA – European Union Agency for Fundamental Rights, 2014; Krell & Oldemeier, 2015, S. 29): Wenn nur die Biologie eine ›wahre Frau‹ hervorbringen kann, ›wahre Männer‹ sich jedoch durch ›männliches Verhalten‹ zeigen, dann wird die Geschlechtsanpassung Richtung Mann leichter als solche akzeptiert als die Richtung Frau.

2.2.2 Need for closure

Neben der Kategorisierung als einem generellen mentalen Prozess gibt es weitere Prozesse, die schnelles Handeln ermöglichen, beispielsweise unsere Neigung zu raschen Schlüssen zu gelangen und diese Schlüsse anschließend gegen Änderungen abzusichern. In der Psychologie spricht man von *closure*, in etwa übersetzbar mit Schließung, Beendigung oder Geschlossenheit. Menschen unterscheiden sich in ihrem Bedürfnis nach schnellen und unveränderlichen Entscheidungen, sie haben einen unterschiedlich hohen *need for closure* (Kruglanski & Webster, 1996). In einer Befragung lehnten Studierende mit einem hohen need for closure trans*geschlechtliche Personen stärker ab als Studierende mit einem geringen need for closure (Tebbe & Moradi, 2012). Menschen, die in ihrem Leben schnelle Festlegungen bevorzugen, bevorzugen also offenbar auch bei der Entscheidung über das Geschlecht einer Person eine solche schnelle und unveränderliche Festlegung. Bei vielen trans*geschlechtlichen Personen gelingt ihnen eine schnelle und stabile Geschlechtskategorisierung hingegen nicht. Das löst Unwohlsein und daher Ablehnung von Trans* aus.

3 Wie können wir Vorurteile (gegenüber Trans*) abbauen?

Erfreulicherweise gibt es inzwischen nicht nur viel Forschung zu den Ursachen von Vorurteilen, sondern auch dazu, wie wir Vorurteile abbauen und Akzeptanz für Vielfalt schaffen können. Für den Abbau von Vorurteilen sollten sich alle Einrichtungen und Personen verantwortlich fühlen, die viele Menschen erreichen.

Insbesondere Schulen sowie Kinder- und Jugendeinrichtungen stehen in der Verantwortung, da sich in jungen Jahren entscheidet, ob Menschen die Vorurteile der Gesellschaft übernehmen oder lernen, dass Vielfalt etwas Selbstverständliches ist. Die Akzeptanz geschlechtlicher Vielfalt lässt sich steigern durch (a) die Erhöhung der Sichtbarkeit trans*geschlechtlicher Personen, insbesondere durch die Herstellung persönlichen Kontakts, (b) die explizite Ächtung von Mobbing und Diskriminierung, (c) die Reflexion von Geschlechternormen, (d) die Ermöglichung von Perspektivenübernahme und Empathie, (e) die Umsetzung eines möglichst umfassenden Diversity-Ansatzes und (f) die Vermittlung von Wissen.

3.1 Kontakt und Sichtbarkeit schaffen

Wie bereits erläutert, ist Angst gegenüber dem Fremden eine wesentliche Ursache von Vorurteilen. Diese Ursache bietet damit auch ein Potenzial für ihren Abbau: Kontakt zwischen Gruppen. Unbekanntes wird bekannt; vorher Fremde werden uns vertraut. Mittlerweile belegen viele Hundert Studien, dass persönlicher Kontakt zu einzelnen Mitgliedern einer Fremdgruppe die Einstellungen gegenüber der ganzen Gruppe verbessert (Pettigrew & Tropp, 2006) – und das gilt auch für den Kontakt zu trans*geschlechtlichen Personen (Walch et al., 2012). Besonders gut wirkt Kontakt, wenn er durch Autoritäten, z. B. staatliche Institutionen, legitimiert und unterstützt wird (Pettigrew & Tropp, 2006). Hilfreich für Schulen und Jugendeinrichtungen ist, dass auch indirekter Kontakt Vorurteile reduziert, also das bloße Wissen, dass eine Person, mit der man selbst Kontakt hat, wiederum Kontakt zu einem Mitglied der Fremdgruppe hat (Lemmer & Wagner, 2015). Indirekter Kontakt kann auch durch Medien wie etwa Schulmaterialien herbeigeführt werden. In der Berliner Schulbefragung hatten Schüler_innen positivere Einstellungen und mehr Wissen zu lesbischen, schwulen, bisexuellen und trans*geschlechtlichen Personen (LSBT), je häufiger sexuelle Vielfalt in verschiedenen Fächern und Jahrgängen thematisiert wurde (Klocke, 2012).

Vielfalt muss dabei nicht notgedrungen umfangreich als separates Thema behandelt werden. Idealerweise wird sie ganz selbstverständlich und ohne zeitlichen Zusatzaufwand berücksichtigt. Beispielsweise können in Texten, Fotos, Filmen oder mündlich vorgetragenen Beispielen neben cisgeschlechtlichen[1] auch

1 *Cisgeschlechtlich* bedeutet, dass das bei der Geburt zugewiesene bzw. das biologische Geschlecht mit dem psychischen Geschlecht übereinstimmt. Es ist also das Gegenteil von trans*geschlechtlich.

trans*- oder intergeschlechtliche Personen vorkommen. Sehr hilfreich ist es, bei der Anschaffung von Schulbüchern solche auszuwählen, die die Vielfalt unserer Gesellschaft abbilden, in denen also Menschen verschiedener Geschlechter, Altersgruppen, Herkunft, Religion und Weltanschauung, Begabung und sexuellen Orientierungen vorkommen, die in unterschiedlichen Familienformen leben. Hinsichtlich Trans*Geschlechtlichkeit stecken die Schulbücher noch in den Kinderschuhen. Es gibt aber erste Ansätze, beispielsweise den Erfahrungsbericht eines Jungen, der lieber ein Mädchen wäre, in einem Deutschbuch der zehnten Klasse (Schroedel, 2003, S. 33–35). Bereits Bilderbücher können die Vielfalt von Familien und Lebensweisen berücksichtigen und das Thema Anderssein behandeln[2]. Darüber hinaus können Einrichtungen trans*geschlechtlichen Jugendlichen signalisieren, dass sie willkommen sind und mit Unterstützung rechnen können, indem sie Material (z. B. Poster und Broschüren) präsentieren und schützen, das geschlechtliche Vielfalt positiv darstellt.

Die positive Wirkung direkten Kontakts kann genutzt werden, indem die Schule oder Bildungseinrichtung ein Aufklärungsteam einlädt, in dem sich junge LSBT (meist ehrenamtlich) engagieren[3]. Diese berichten von ihren Erfahrungen und stellen sich den Fragen der Jugendlichen. Bisherige Evaluationen deuten darauf hin, dass selbst kurze Workshops Vorurteile abbauen können (Timmermanns, 2003). Trans*geschlechtliche Lehrkräfte oder andere pädagogische Fachkräfte können Kontakt und Sichtbarkeit ermöglichen, indem sie offen mit ihrer Transition umgehen. Heterosexuelle Lehrkräfte können indirekten Kontakt herstellen, beispielsweise indem sie so selbstverständlich wie möglich von trans*geschlechtlichen Personen in ihrem eigenen Umfeld sprechen.

3.2 Mobbing und Diskriminierung ächten

Die Berliner Schulbefragung zeigt, dass die Schüler_innen umso häufiger diskriminierendes Verhalten zeigen, je häufiger ihr_e Klassenlehrer_in sich selbst über Lesben, Schwule oder nicht geschlechtskonforme Personen lustig gemacht

2 Gutes Material für Kindertageseinrichtungen und Grundschulen bieten zwei Medienkoffer *Vielfältige Familienformen und Lebensweisen*, die unter anderem über das Berliner Medienforum ausgeliehen werden können: https://www.berlin.de/sen/bildung/unterricht/medien/medienforum/artikel.400938.php (24.8.2016). Für einen Überblick siehe auch http://www.queerformat.de/kinder-und-jugend-hilfe/publikationen-und-materialien/ (24.8.2016).

3 Einen Überblick über sämtliche deutschen LSBT-Aufklärungsprojekte finden Sie unter http://www.bksl.de/schulaufklaerung (24.8.2016).

hat (Klocke, 2012). Schreiten die Klassenlehrer_innen hingegen bei Diskriminierung ein, geht das tendenziell mit positiveren Einstellungen ihrer Schüler_innen zu LSBT einher. Darüber hinaus haben Schüler_innen positivere Einstellungen, wenn sie wissen, dass Mobbing im Leitbild ihrer Schule geächtet wird.

Lehrkräfte, pädagogische Fachkräfte und Eltern sollten also diskriminierende Beschimpfungen, wie »Spast«, »Schwuchtel« oder »Transe« nicht ignorieren, sondern kritisch hinterfragen. Sie können beispielsweise fragen »Warum ist das für dich ein Schimpfwort?«, »Was ist so schlimm daran?« oder »Wie würdest du dich fühlen, wenn der Name einer Gruppe, der du angehörst z.B. … dauernd als Schimpfwort verwendet wird?«. Wenn Reflektieren und Perspektivenübernahme alleine nicht helfen, sollte eine klare Grenze aufgezeigt werden, etwa »Diese Begriffe wollen wir hier nicht als Beschimpfungen hören«. Die Auseinandersetzung sollte dadurch von einer Konfrontation zwischen zwei Personen hin zu einem Hinweis auf die Regeln und die Kultur der gesamten Einrichtung verschoben werden. Und genau hierfür ist ein explizit formuliertes Leitbild wichtig, in dem Mobbing und Diskriminierung geächtet werden. Dieses Schul- oder Einrichtungsleitbild sollte regelmäßig thematisiert werden, beispielsweise indem gemeinsam mit den Jugendlichen Beispiele für Mobbing und Diskriminierung gesammelt und Gegenstrategien erarbeitet werden.

3.3 Geschlechternormen reflektieren und hinterfragen

Des Weiteren ist es hilfreich, wenn pädagogische Fachkräfte über ihre eigenen Geschlechternormen reflektieren. Wie bereits erwähnt, machen sich auch Lehrkräfte über nicht geschlechtskonformes Verhalten lustig. Dieses Verhalten hing in der Schulbefragung nicht mit den Einstellungen der Lehrkräfte zusammen, scheint also oft gedankenlos zu geschehen (Klocke, 2012). Ein »Sei nicht so mädchenhaft« rutscht unbeabsichtigt auch denen heraus, die offen und tolerant sein wollen. Fachkräfte und Eltern sollten sich also bewusst machen, welches Verhalten sie bei Jungen mehr irritiert als bei Mädchen oder welche Art sich zu kleiden sie bei Mädchen anstößiger finden als bei Jungen. Zu welchen (unbeabsichtigten) Reaktionen auf normwidriges Verhalten führen diese Empfindungen und was signalisieren diese den anderen Kindern und Jugendlichen? Nach der Reflexion über eigene Geschlechternormen können auch die Jugendlichen dazu angeregt werden. Eine mögliche Übung ist, Zettel mit folgenden Satzanfängen zu verteilen (Sielert & Keil, 1993, S. 139): »Wenn ich ein Junge [Mädchen] wäre, müsste ich …/dürfte ich …« bzw. »Weil ich ein Mädchen [Junge] bin, muss ich …/darf ich …«. Nachdem die Jugendlichen die Sätze in Einzelarbeit ergänzt haben, können diese (neu verteilt) vorgelesen und diskutiert werden. Statt rein verbal kann die Übung auch auf der Basis selbst erstellter Collagen durchgeführt werden (Debus, 2014). Neben bewusster Reflexion können (bereits mit Kindern) Bücher oder andere Medien verwendet werden, in denen Geschlechternormen anhand von Beispielen erweitert werden, da darin beispielsweise auch Jungen vorkommen, die Schwächen zeigen oder mit Puppen spielen, und Mädchen, die Rosa nicht mögen oder auf Bäume klettern (Quellen siehe Fußnote 2).

3.4 Perspektivenübernahme und Empathie ermöglichen

Wenn wir uns in ein Mitglied einer anderen Gruppe hineinversetzen, fühlen wir mit diesem Mitglied, erleben also Empathie und gelangen so oft auch zu einer positiveren Einstellung gegenüber der ganzen Gruppe. Aktivitäten, die Perspektivenübernahme anregen, reduzieren daher Vorurteile gegenüber ganz unterschiedlichen Gruppen (Beelmann & Heinemann, 2014). Hinsichtlich trans*geschlechtlicher Personen wurde das in einem Experiment mit 100 Bachelorstudierenden aus den USA gezeigt (Tompkins et al., 2015). Diese wurden je einer von zwei Videobedingungen zugeteilt: Information oder Perspektivenübernahme. Im Informationsvideo wurden den Studierenden die Diagnosekriterien für eine »Störung der Geschlechtsidentität« nach dem Manual psychischer Störungen DSM-IV-TR erläutert. Zudem sahen sie ein Interview mit einem cisgeschlechtlichen Experten, der den Unterschied zwischen Geschlechterrolle und Geschlechtsidentität erläuterte und Geschlechtsnonkonformität als nicht notgedrungen stabil darstellte. Anschließend sollten die Studierenden alle Informationen aufschreiben, an die sie sich noch erinnern konnten. Im Perspektivübernahme-Video wurde ein Interview mit einem Trans*Mädchen und ihren Eltern gezeigt. Die Geschlechtsinkongruenz des Mädchens wurde als stabil, also nicht als vorübergehende Phase dargestellt und der Einfluss von Hormonen während der Schwangerschaft erwähnt. Anschließend sollten die Studierenden sich vorstellen, sie seien trans*geschlechtlich, und einen Coming-out-Brief an die eigenen Eltern schreiben. In beiden Bedingungen wurden zu Beginn und am Ende die Vorurteile der Studierenden gegenüber Trans* erfasst. Während sich diese Vorurteile in der Informationsbedingung nicht veränderten, nahmen sie in der Perspektivübernahme-Bedingung deutlich ab.

Wie können diese Ergebnisse in der Praxis angewendet werden? Perspektivenübernahme und Empathie können beispielsweise angeregt werden, indem nicht nur abstrakte Aussagen über Trans* gemacht werden, sondern das Thema aus der Perspektive einzelner trans*geschlechtlicher Personen besprochen wird, z.B. durch Medien[4] wie Filme oder Texte, in denen trans*geschlechtliche Personen porträtiert oder interviewt werden oder ihre Geschichte aus der Ich-Perspektive erzählt wird. Wenn möglich, können trans*geschlechtliche Personen auch in Schulklassen oder Jugendeinrichtungen eingeladen werden (zum Beispiel im Rahmen der in Kapitel 3.1 besprochenen Aufklärungsteams) und von ihrem Coming-out, ihren diesbezüglichen Befürchtungen, den Reaktionen anderer und ihrem Umgang damit berichten. Wenn genug Zeit ist und eine vertrauensvolle Atmosphäre in der Gruppe herrscht, können die Teilnehmenden dazu gebracht werden, im Rollenspiel die Perspektive einer Trans*Person einzunehmen und beispielsweise eine Coming-out-Situation nachzuspielen. Eine niedrigschwelligere Methode wäre das Schreiben eines Coming-out-Briefes wie im oben geschilderten Experiment.

3.5 Einbettung in einen breiten Diversity-Ansatz

Wie in Kapitel 2.1.2 dargestellt, können unsere Vorurteile verstärkt werden, wenn wir unseren Selbst- oder Gruppenwert bedroht sehen, beispielsweise weil wir uns als Mitglied einer Gruppe diskriminiert fühlen. Wichtig beim Abbau von Vorurteilen ist daher, dass nicht eine Gruppe gegen eine andere ausgespielt wird. Diese Gefahr besteht beispielsweise, wenn von einer selbst benachteiligten Gruppe (z.B. Zuwanderer oder Muslime) vehementer die Gleichbehandlung von Frauen, Homosexuellen oder Andersgläubigen verlangt wird als von der Mehrheitsgesellschaft oder der eigenen Partei (z.B. *Zeit Online*, 2015). Idealerweise sollten die zentralen Dimensionen von Vielfalt gleichberechtigt berücksichtigt werden und verdeutlicht werden, dass ganz unterschiedliche Arten von Diskriminierung auf ähnlichen Mechanismen beruhen. Ein breiter Diversity-Ansatz entkräftet auch das Argument, dass Antidiskriminierungsarbeit nichts anderes als Lobbyismus für bestimmte Interessengruppen sei. Im Gegenteil: Betroffen sind wir alle, ob persönlich oder durch die eigene Mutter, die im Rollstuhl sitzt, einen Freund mit afrikanischen Wurzeln, eine Tochter, die gängigen Schönheitsidealen nicht genügt oder einen Bruder, der als Mädchen aufgewachsen ist.

---

4 Einen Überblick über geeignete Unterrichtsmaterialien und andere Medien vor allem zu sexueller Vielfalt, aber auch zu geschlechtlicher Vielfalt, finden sich auf den Webseiten des Antidiskriminierungsprojekts *Schule der Vielfalt – Schule ohne Homophobie*: http://www.schule-der-vielfalt.de/projekte_material.php (24.8.2016) und http://www.schule-der-vielfalt.de/projekte_medien.php (24.8.2016).

3.6 Wissen vermitteln

Neben dem persönlichen Kontakt und anschaulichen Portraits einzelner Menschen kann auch die abstraktere Vermittlung von Wissen Vorurteile reduzieren (Beelmann et al., 2009). Geschlechtliche Vielfalt und Vielfalt generell sollten also nicht nur möglichst oft ganz selbstverständlich in Lehrmaterialien, Büchern oder Filmen berücksichtigt werden (wie in Kapitel 3.1 dargelegt), sondern auch als eigenständiges Thema expliziter behandelt werden – insbesondere in der Schule, aber auch in der Ausbildung von Ärzt_innen, pädagogischen Fachkräften und allen Berufsgruppen, die viel mit Menschen in Kontakt kommen. In der Schule bieten sich dafür neben dem Biologieunterricht auch eine Reihe anderer Fächer und Themen an, die in diesem Zusammenhang bisher weniger beachtet wurden. So können im Geschichts- oder Sozialkundeunterricht die Themen Diskriminierung und Menschenrechte nicht nur anhand der US-amerikanischen Bürgerrechtsbewegung und der Frauenbewegung verdeutlicht werden, sondern auch am Stonewall-Aufstand und dem Kampf gegen die Kriminalisierung und Pathologisierung von LSBTI. Und im Ethikunterricht können beim Thema Identität oder Geschlecht auch Coming-out und Trans*Identität thematisiert werden. Darüber hinaus ist ein Grundwissen über die generellen Prinzipien von Kategorisierung und Fremdgruppenabwertung wichtig. Vermittelt werden sollte, dass wir alle Stereotype und Vorurteile haben und das kaum bewusst verhindern können. Wichtiger als zu beschließen, keine Vorurteile zu haben, ist es, sich die eigenen Vorurteile bewusst zu machen und durch persönlichen Kontakt mit Mitgliedern der entsprechenden Gruppe daran zu arbeiten.

4 Zusammenfassung

Trans* und anderen Personen, die gängigen Geschlechternormen nicht entsprechen, wird von vielen Menschen mit Ablehnung oder Unverständnis begegnet. An Schulen ist geschlechtsnonkonformes Verhalten ein häufiger Anlass, sich über Mitschüler_innen lustig zu machen. Lehrkräfte greifen dagegen nur unregelmäßig ein und beteiligen sich manchmal sogar selbst daran. Diese Einstellungen und Verhaltensweisen lassen sich unter dem Begriff *Trans*Phobie* zusammenfassen und teilweise ähnlich erklären wie Vorurteile generell.

Vorurteile basieren auf unserer generellen Tendenz, Menschen in Gruppen zu kategorisieren und Gruppen abzuwerten, denen wir nicht selbst angehören. Besonders dann, wenn unser Selbstwert gefährdet scheint, z. B. weil wir uns benachteiligt fühlen, grenzen wir uns von Gruppen mit einem niedrigeren gesellschaftlichen Status ab. Durch diesen Abwärtsvergleich steigern wir den relativen Wert unserer eigenen Gruppe, was in der Folge auch unser Selbstwertgefühl verbessert. Wenn man Vorurteile abbauen möchte, sollte man daher vermeiden, das Selbstwertgefühl der angesprochenen Personen (z. B. der Teilnehmenden eines Antidiskriminierungsworkshops) zu gefährden. Zu dieser Gefährdung kann es beispielsweise kommen, wenn man Gruppen, denen die Teilnehmenden angehören, besonders große Vorurteile vorwirft.

Vorurteile basieren zudem auf unserem generellen Unbehagen gegenüber Fremden, das unsere Vorfahren davor bewahrt hat, Risiken (z. B. durch unbekannte Krankheitserreger) einzugehen. Andererseits können fremde Personen und Gruppen uns durch Erfahrung vertraut werden, sodass wir unser Unbehagen verlieren. Persönlicher Kontakt zu trans*geschlechtlichen Personen, die offen mit ihrer Transition umgehen, führt also dazu, dass Trans*Personen generell positiver bewertet werden. Wenn kein direkter Kontakt möglich ist, hilft auch indirekter Kontakt, z. B. indem eigene Bekannte von ihrem Kontakt mit Trans* berichten. Auch die erhöhte Sichtbarkeit von Trans*Menschen in Lehrmaterialien, Filmen, Büchern und anderen Medien reduziert Trans*Phobie. Je stärker diese Medien durch einen Fokus auf den Einzelfall dazu anregen, die Perspektive trans*geschlechtlicher Personen einzunehmen, desto besser, da die Empathie mit Mitgliedern einer anderen Gruppe die Einstellung gegenüber der ganzen Gruppe verbessert.

Eine weitere allgemeine Funktion von Vorurteilen ist es, Ungleichheit zu rechtfertigen. Wir können unseren Glauben an eine gerechte Welt erhalten, ohne den mühevollen Weg einer Änderung der Verhältnisse gehen zu müssen, indem wir Trans* für krank statt für diskriminiert halten. Im Umkehrschluss bedeutet das jedoch auch, dass sich Trans*Phobie in der Bevölkerung reduzieren wird, wenn strukturelle Barrieren abgebaut werden. Dies ist ein weiteres Argument dafür, die Anpassung des Personenstandes zu erleichtern und den Zwang einer Zuordnung in die Kategorien ›männlich‹ und ›weiblich‹ (z. B. in Fragebögen, Umkleiden oder Toiletten) abzubauen.

Neben diesen generellen Ursachen von Vorurteilen gibt es spezifische Ursachen von Vorurteilen gegenüber Trans*. Ein solcher Faktor ist die Verinnerlichung gesellschaftlich geteilter Geschlechternormen, also der Vorstellung, dass Menschen in ›Männer‹ und ›Frauen‹ kategorisiert werden können und anschließend spezifische Anforderungen erfüllen müssen. Je stärker Menschen traditionellen Geschlechternormen anhängen, desto negativer sind ihre Einstellungen gegenüber Lesben und Schwulen sowie gegenüber Trans*. Die Einstellung von Männern ist oft negativer als die von Frauen, da Männlichkeit in unserer Gesellschaft immer wieder neu bewiesen werden muss. Männer sind daher sensibler für Verletzungen von Geschlechternormen als Frauen. Um Trans*Phobie abzubauen, sollten Kinder und Jugendliche durch Vorbilder in der eigenen Umgebung, Büchern und anderen Medien lernen, dass Verhalten, das traditionellen Geschlechterrollen widerspricht, genau so akzeptabel ist, wie rollenkonformes Verhalten. Hilfreich ist darüber hinaus, die Wirkung von Geschlechternormen bewusst zu machen und zu reflektieren, sodass deutlich wird, wie diese das Leben von uns allen (nicht nur von Trans*) sinnlos einschränken. Direkte oder indirekte Kontakte zu trans*geschlechtlichen Personen sollten also verbunden werden mit einer generellen Vermittlung von Wissen über die verschiedenen Facetten von Geschlecht und die generellen Prozesse von sozialer Kategorisierung, Vorurteilen und daraus resultierender Diskriminierung.

Literatur

Adams, H.E., Wright, L.W. & Lohr, B.A. (1996). Is homophobia associated with homosexual arousal? *Journal of Abnormal Psychology, 105*, 440–445.

Antidiskriminierungsstelle des Bundes. (2008). *Diskriminierung im Alltag: Wahrnehmung von Diskriminierung und Antidiskriminierungspolitik in unserer Gesellschaft.* Berlin: Druckvogt GmbH.

Beelmann, A. & Heinemann, K.S. (2014). Preventing prejudice and improving intergroup attitudes: A meta-analysis of child and adolescent training programs. *Journal of Applied Developmental Psychology, 35*(1), 10–24.

Beelmann, A., Heinemann, K.S. & Saur, M. (2009). Interventionen zur Prävention von Vorurteilen und Diskriminierung. In A. Beelmann & K.J. Jonas (Hrsg.), *Diskriminierung und Toleranz. Psychologische Grundlagen und Anwendungsperspektiven* (S. 435–461). Wiesbaden: VS Verlag für Sozialwissenschaften.

Debus, K. (2014). *Collagen zu Geschlechterbildern. Projekt Männlichkeit(en) und Rechtsextremismus.* http://www.vielfaltmachtschule.de/fileadmin/VMS/redakteure/Collagen_zu_Geschlechterbildern.pdf (18.01 2016).

FRA – European Union Agency for Fundamental Rights. (2014). *Being trans in the European Union: Comparative analysis of EU LGBT survey data.* Luxembourg: Publications Office of the European Union.

Kite, M.E. & Whitley, B.E., Jr. (1996). Sex differences in attitudes toward homosexual persons, behaviors, and civil rights: A meta-analysis. *Personality and Social Psychology Bulletin, 22*, 336–353.

Klocke, U. (2012). *Akzeptanz sexueller Vielfalt an Berliner Schulen: Eine Befragung zu Verhalten, Einstellungen und Wissen zu LSBT und deren Einflussvariablen.* Berlin: Senatsverwaltung für Bildung, Jugend und Wissenschaft. http://www.psychologie.hu-berlin.de/prof/org/download/klocke2012_1 (24.8.2016).

Krell, C. & Oldemeier, K. (2015). *Coming-out – und dann …?! Ein DJI-Forschungsprojekt zur Lebenssituation von lesbischen, schwulen, bisexuellen und trans* Jugendlichen und jungen Erwachsenen.* München: Deutsches Jugendinstitut e.V.

Kruglanski, A. W. & Webster, D. M. (1996). Motivated closing of the mind: »Seizing« and »freezing«. *Psychological Review, 103*, 263–283.

Lemmer, G. & Wagner, U. (2015). Can we really reduce ethnic prejudice outside the lab? A meta-analysis of direct and indirect contact interventions. *European Journal of Social Psychology, 45*(2), 152–168.

Neuberg, S. L., Kenrick, D. T. & Schaller, M. (2010). Evolutionary Social Psychology. In S. T. Fiske, D. T. Gilbert & G. Lindzey (Hrsg.), *Handbook of social psychology* (S. 761–796). 5. Aufl. New York: Wiley.

Pettigrew, T. F. & Tropp, L. R. (2006). A meta-analytic test of intergroup contact theory. *Journal of Personality and Social Psychology, 90*, 751–783.

Riek, B. M., Mania, E. W. & Gaertner, S. L. (2006). Intergroup Threat and Outgroup Attitudes: A Meta-Analytic Review. *Personality and Social Psychology Review, 10*, 336–353.

Ross, M. & Miller, D. T. (Hrsg.). (2002). *The justice motive in everyday life*. New York, NY: Cambridge University Press.

Schroedel. (2003). *wortstark – Allgemeine Ausgabe 2003 – Sprachlesebuch*. Braunschweig: Westermann.

Sielert, U. & Keil, S. (Hrsg.). (1993). *Sexualpädagogische Materialien für die Jugendarbeit in Freizeit und Schule*. Weinheim: Beltz.

Simon, B. (2008). Einstellungen zur Homosexualität: Ausprägungen und psychologische Korrelate bei Jugendlichen ohne und mit Migrationshintergrund (ehemalige UdSSR und Türkei). *Zeitschrift für Entwicklungspsychologie und Pädagogische Psychologie, 40*, 87–99.

Tajfel, H. & Turner, J. C. (1986). The social identity theory of intergroup behavior. In S. Worchel & W. G. Austin (Hrsg.), *Psychology of intergroup relations* (S. 7–24). Chicago, IL: Nelson-Hall.

Tebbe, E. N. & Moradi, B. (2012). Anti-transgender prejudice: A structural equation model of associated constructs. *Journal of Counseling Psychology, 59*(2), 251–261.

Timmermanns, S. (2003). *Keine Angst die beißen nicht! Evaluation schwul-lesbischer Aufklärungsprojekte in Schulen*. Aachen: Jugendnetzwerk Lambda NRW e. V.

Tompkins, T. L., Shields, C. N., Hillman, K. M. & White, K. (2015). Reducing stigma toward the transgender community: An evaluation of a humanizing and perspective-taking intervention. *Psychology of Sexual Orientation and Gender Diversity, 2*(1), 34–42.

Vandello, J. A. & Bosson, J. K. (2013). Hard won and easily lost: A review and synthesis of theory and research on precarious manhood. *Psychology of Men & Masculinity, 14*(2), 101–113.

Walch, S. E., Sinkkanen, K. A., Swain, E. M., Francisco, J., Breaux, C. A. & Sjoberg, M. D. (2012). Using intergroup contact theory to reduce stigma against transgender individuals: Impact of a transgender speaker panel presentation. *Journal of Applied Social Psychology, 42*(10), 2583–2605.

Weinstein, N., Ryan, W. S., DeHaan, C. R., Przybylski, A. K., Legate, N. & Ryan, R. M. (2012). Parental autonomy support and discrepancies between implicit and explicit sexual identities: Dynamics of self-acceptance and defense. *Journal of Personality and Social Psychology, 102*(4), 815–832.

Willer, R., Rogalin, C. L., Conlon, B. & Wojnowicz, M. T. (2013). Overdoing gender: A test of the masculine overcompensation thesis. *American Journal of Sociology, 118*(4), 980–1022.

Zeit Online (2015). CDU plant Integrationsverpflichtung für Migranten. *Zeit Online*. http://www.zeit.de/politik/deutschland/2015-11/cdu-integrationsverpflichtung-parteitag-dezember (24.8.2016).

Vor dem Hintergrund des Erstarkens rechtsextremer Initiativen wird deutlicher: Sexuelle Bildung und Konzepte zur Prävention sexualisierter Gewalt müssen von intersektionalen Ansätzen lernen

Heinz-Jürgen Voß

Überblick

Ausgehend von der Darstellung aktueller rechter und rechtsextremer Entwicklungen in Deutschland und einer Erläuterung, wie diese rassistische Stereotype bezüglich Sexualität und Geschlecht aufnehmen und produzieren, wird in einem abschließenden Teil des Beitrags ein Blick auf die bisherige (emanzipatorische) Sexualwissenschaft und Sexualaufklärung geworfen. Dabei werden auch hier stereotype Vorannahmen kritisch in den Blick genommen. Es werden Anregungen gegeben, die Vorurteile mit Hilfe der Materialien von Selbstorganisationen von Personen of Color kritisch in den Blick zu nehmen und sexualwissenschaftliche und sexualaufklärerische Angebote intersektional – das bedeutet mit einem verschränkten Blick auf Rassismus, Geschlechter- und Klassenverhältnisse sowie dem ›Scharnier‹ Sexualität zwischen diesen – weiterzuentwickeln. Das bedeutet auch, dass Personen of Color in den Kontexten der Sexualwissenschaft und Sexualaufklärung Möglichkeiten für berufliche Karrieren erhalten müssen.

Ausgehend von der Darstellung aktueller rechter und rechtsextremer Entwicklungen in Deutschland und einer Erläuterung, wie diese rassistische Stereotype bzgl. Sexualität und Geschlecht aufnehmen und produzieren, wird in einem abschließenden Teil des Beitrags ein Blick auf die bisherige (emanzipatorische) Sexualwissenschaft und Sexualaufklärung geworfen. Dabei werden auch hier stereotype Vorannahmen kritisch in den Blick genommen. Es werden Anregungen gegeben, die Vorurteile mit Hilfe der Materialien von Selbstorganisationen von Personen of Color kritisch in den Blick zu nehmen und sexualwissenschaftliche und sexualaufklärerische Angebote intersektional – das bedeutet mit einem verschränkten Blick auf Rassismus, Geschlechter- und Klassenverhältnisse sowie dem ›Scharnier‹ Sexualität zwischen diesen – weiterzuentwickeln. Das bedeutet auch, dass Personen of Color in den Kontexten der Sexualwissenschaft und Sexualaufklärung Möglichkeiten für berufliche Karrieren erhalten müssen.

1 Einleitung

In den vergangenen Jahren erschien es noch als recht eindeutig, dass in Bezug auf geschlechtliche und sexuelle Selbstbestimmung und damit verbunden die gesellschaftliche Anerkennung von Vielfalt die liberale, auf Selbstbestimmung zielende Sicht im Vorteil sei. Im Anschluss an Volkmar Sigusch (2005) wurden »Neosexualitäten« in wissenschaftlichen Arbeiten und populären Artikeln referiert und wurde ihre gesellschaftliche Akzeptanz wahrscheinlicher. Zuletzt wurden (und werden) im Bund und in den Ländern von den jeweiligen Regierungskoalitionen Aktionsprogramme vorangetrieben und Materialien zu geschlechtlicher und sexueller Vielfalt entwickelt. Wenn auch mit gelegentlichem Gegenwind wurden und werden auf Länderebene Rahmenlehrpläne auf den Weg gebracht, die auch im Schulunterricht Fragen geschlechtlicher und sexueller Selbstbestimmung angemessen thematisieren (vgl. exemplarisch: Runderlass Sachsen-Anhalt, 2015). Lediglich zur Frage reproduktiver Selbstbestimmung – die auch selbstbestimmten Schwangerschaftsabbruch einschließt – waren kaum Fortschritte zu verzeichnen.

Der gelegentliche Gegenwind ist durchaus verständlich: Erst im Jahr 1994 wurde der § 175 abgeschafft, der sich gegen mann-männlichen Sex richtete und dafür zuletzt noch ein höheres Schutzalter als bei anderen Formen von Sex vorsah. Bis zu diesem Zeitpunkt war es noch legitim – und weithin praktiziert –, dass Homosexualität im Schulunterricht als Krankheit vorgestellt wurde und lesbische und schwule Jugendliche keine Unterstützung erfuhren. Mit der Streichung von Homosexualität aus der medizinischen Klassifikation der Krankheiten (ICD), der Aufhebung des Strafparagrafen 175 (in Angleichung an DDR-Recht) und der zunehmenden gesellschaftlichen Anerkennung von Homosexualität änderte sich die sexualpolitische Richtung. Homosexuelle Bürger_innen sollten in die staatliche Gemeinschaft eingeschlossen und nicht mehr diskriminiert werden (vgl. Wolter & Voß, 2013, S. 35–45, S. 134–143; ausführlich: Çetin et al., 2016). Das bedeutet auch, dass Bildungspläne zu überarbeiten und in Richtung Toleranz und Akzeptanz zu entwickeln sind. Klar ist aber ebenso, dass ein solcher Wandlungsprozess auch gesellschaftliche Diskussion und Klärung nötig macht. In diesem Sinn kommen interessierte Nachfragen und andere Vorschläge von Personen und Institutionen, die einem Heterosexualität priorisierenden System mehr abgewinnen können und sich mit den Änderungen auseinandersetzen und sie mitgestalten wollen; auf der anderen Seite instrumentalisieren Rechtsextreme, die teils unter der Bezeichnung »besorgte Bürger« firmieren (vgl. Lotta, 2014; Sanders et al., 2014), Fragen zur Gleichstellung von Frauen und zur Anerkennung geschlechtlich-sexueller Vielfalt, um Ängste vor gesellschaftlicher Veränderung in der Bevölkerung zu schüren und denjenigen im bürgerlichen Spektrum, die ›einfach‹ an einem traditionellen und konservativen Geschlechterverhältnis interessiert sind, Brücken in das rechtsextreme Lager zu bauen und sie – unter anderem als Wähler_innen – zu gewinnen (vgl. als Überblick: Voß, 2014b).

Die derzeitigen Wahlerfolge rechtsextremer Parteien, allen voran der *Alternative für Deutschland*, die bei den Landtagswahlen in Baden-Württemberg, Rheinland-Pfalz und Schleswig-Holstein sowie den Kommunalwahlen in Hessen im Jahr 2016 flächendeckend zweistellige Ergebnisse erzielte, in einigen Orten oder Ortsteilen etwa in Hessen gar knapp unter 50% blieb und in Sachsen-Anhalt nahezu durchweg einen Anteil der Wähler_innenstimmen von 20 bis 35% erhielt (vgl. Homepages der statistischen Landesämter), machen aktuell ein ›Rollback‹ in Bezug auf die gesellschaftlichen Aushandlungen im Kontext geschlechtlicher und sexueller Vielfalt sowie zur Gleichberechtigung von Frauen wahrscheinlicher.

Das Erstarken der Rechtsextremen kommt dabei nicht von ungefähr. In größeren bürgerlichen Kreisen scheint das Bedürfnis nach einer ›rechtspopulistischen‹ Alternative lange vorhanden gewesen zu sein. Zunächst scheiterten die Versuche, mit *Pro Deutschland* und *Die Freiheit* größere rechtspopulistische und rechtsextreme Parteien zu etablieren; schließlich erfuhr die *Alternative für Deutschland (AfD)*, noch bevor es sie richtig gab – vor und zu ihrem Gründungsparteitag am 14. April 2013 – eine mediale Präsenz in nahezu allen überregionalen Medien von der *Frankfurter Allgemeiner Zeitung* bis hin zum öffentlich-rechtlichen Rundfunk und Fernsehen. Woher kam diese massive mediale Aufmerksamkeit, die andere anfängliche Kleinstparteien zu ihrer Gründung nicht erhielten und die im Weiteren und bis heute unvermindert anhält? Gleichzeitig wurden bisher stets geltende Übereinkünfte, etwa dass zu sogenannten »Elefantenrunden« mit Vertreter_innen der Parteien vor Wahlen jeweils die im jeweiligen Landtag vertretenen Parteien eingeladen werden, zugunsten der neuen rechtsextremen Partei aufgeweicht. Obwohl die AfD in keinem der drei Landtage vertreten war, wurde sie voreilig zu zahlreichen der »Elefantenrunden« eingeladen und, sofern sie einmal nicht eingeladen wurde, wurde die Nicht-Einladung in medialer Breite kritisch diskutiert (vgl. Tagespresse vom 19.1.2016 und nachfolgend, etwa: Welt 2016). Hingegen dachte offenbar niemand daran, dass, sofern die »Elefantenrunden« auch für bislang nicht in den Landtagen vertretene Parteien geöffnet werden, auch die weiteren sich zur Wahl stellenden außerparlamentarischen Parteien eingeladen werden müssten. Die rechtsextreme AfD wurde so massiv medial und aus bürgerlichen Kreisen befördert, dass ihr Erfolg unausweichlich war und ist.

Gleichzeitig arbeitet sie stark in den Themenbereichen emanzipatorischer Geschlechterforschung und Sexualwissenschaft. Versatzstücke der Theoriebildung bindet sie in ihre Forderungskataloge ein, um im Nachgang erzkonservative Geschlechtervorstellungen, die Frauen zu Gebärmaschinen funktionalisieren, sowie ablehnende Positionen gegen geschlechtliche und sexuelle Vielfalt zu forcieren (Programmentwurf AfD, 2016; Zeit, 2016a; Queer.de, 2016b). Dass dabei in den Vorstandsriegen der Partei auch Frauen, darunter lesbische Frauen, und schwule Männer mitwirken (Queer.de, 2016a), ist vielleicht eine banale Selbstverständlichkeit, wenn man bedenkt, dass Frauen und Schwule stets auf allen politischen Seiten zu finden waren. Tiefgreifender ist, dass die Rechtsextremen – ob parteilich gebunden oder nicht – in eine Lücke hineinstoßen, die die Sexualwissenschaft und Angebote der Sexualaufklärung gelassen und vorbereitet haben. So wurde selbst in den liberalen, an geschlechtlicher und sexueller Offenheit interessierten Zusammenhängen vielfach an dem vermeintlichen Gegensatz »Schwule versus Muslime« sowie »Frauen versus Muslime« mitgestrickt (vgl. Yılmaz-Günay, 2014), als ob etwa Muslime nicht schwul und Schwule nicht muslimisch sein könnten. Sexualwissenschaft und Sexualaufklärung haben es bisher versäumt, ihre Ansätze in angemessenem Maße intersektional weiterzuentwickeln *und von den queeren Konzepten migrantischer Selbstorganisationen* zu lernen.

Im Folgenden soll nun zunächst die rechtsextreme Argumentationsstrategie mit Blick auf die »Ereignisse in der Silvesternacht in Köln« (2015/16) vorgestellt werden; im Anschluss daran werden einige sexualwissenschaftliche Konzepte diskutiert und Vorschläge unterbreitet, wie diese fortentwickelt werden müssten.

2 Die Debatte um die Silvesternacht in Köln

Aktuell hat die konservative und rechtspopulistische Ecke ihr Ventil gefunden: Sie nutzt die sexistischen Übergriffe in der Kölner Silvesternacht, um gegen Migrant_innen und Geflüchtete zu hetzen. »Ein Anschlag hätte den Stoff der nationalen Aufregung ebenso liefern können, ein Kindsmord, irgendeine andere Tat«, wie die Zeitschrift *Spiegel* schreibt (Spiegel, 2016, S. 11). Rechte machen Stimmung, Anschläge – und morden sogar. Ihr Einfluss reicht bis weit in die Politik, wie sich etwa an Pegida in Sachsen zeigt, bei der sich deutliche Kontakte ins CDU-geführte Innenministerium zeigen (Spiegel, 2016); mit den Wahlerfolgen der rechtsextremen AfD wird ihre Verankerung weiter gestärkt. Gerade diese institutionellen Verstrickungen und die gesellschaftliche Bagatellisierung der aktuell täglichen rassistischen Übergriffe auf als migrantisch erachtete Menschen und Anschläge auf Flüchtlingsunterkünfte führen dazu, dass mittlerweile – und man muss es so deutlich zur Kenntnis nehmen – in immer stärkerem Maße die demokratische und rechtsstaatliche Ordnung in der Bundesrepublik Deutschland gefährdet ist. Argumentationen, die nach Anschlägen auf Geflüchtete und Flüchtlingsunterkünfte, die Täter_innen entschuldigend mit einem »die Deutschen seien aktuell so gefordert« agieren, führen zur Umkehr der Rechtsauffassung. Nicht die Brandstifter_innen und Attentäter_innen seien die Verbrecher_innen, sondern Geflüchtete wären das Problem. Und es werden aktuell mühsam erkämpfte Regelungen gegen Diskriminierung einfach übergangen, wie die Festlegungen des Antidiskriminierungsgesetzes, die es unter anderem verbieten, dass Menschen rassistisch in Gruppen sortiert und nicht in Diskotheken oder Schwimmbäder eingelassen werden (vgl. Zeit, 2016b; Tagesspiegel, 2016).

Bei der Stimmungsmache gegen Geflüchtete und Migrant_innen ist Sexualität ein von Rechten bzw. insgesamt zur Durchsetzung von Herrschaft gern genutztes Motiv. Betrachten wir rassistische und koloniale Politiken – auch der vergangenen Jahrhunderte –, so finden sich in den europäischen Beschreibungen des kolonialisierten und rassifizierten ›Anderen‹ zahlreiche sexuelle Motive, besonders verbunden mit Arabien. Die zwei Hauptmuster: 1) Arabischen Männern wurde zugeschrieben, ›verweiblicht‹ und ›passiv‹ zu sein; der Umgang der Männer untereinander sei sehr und zu nah (vgl. Said, 2003 [1978]); 2) Parallel zum Motiv der ›Verweiblichung‹ verläuft eines, das eigentlich entgegengesetzt erscheint: Arabische Männer seien besonders aktiv, bedrohlich, promisk und übergriffig (vgl. Yılmaz-Günay, 2014, u.a. S. 27f.; Çetin et al., 2012, S. 33f.; Bauer, 2011, S. 268–311). Diese beiden Zuschreibungen werden von Weißen auf ›Arabien‹ angewendet, auf ›den Islam‹, insgesamt auf Personen of Color. Beide Argumentationsmuster zeigen sich auch in kurzem Abstand in aktuellen Debatten: So betonten Personen der weißen Dominanzkultur in der Debatte um die Vorhautbeschneidung das erste Motiv: Die Eichel religiös beschnittener (muslimischer und jüdischer) Männer sei durch die Vorhautbeschneidung weniger empfindsam und das sexuelle Vermögen dieser Männer sei daher stark eingeschränkt (zu dieser Debatte kritisch: Çetin et al., 2012). Das war 2012. 2015 und 2016 wird hingegen das zweite Motiv – das besonders großes sexuelles Verlangen und Übergriffigkeit zuschreibt – bemüht. Rechte Argumentationen sind anpassungsfähig.

Frauen werden in dieser Argumentationsweise instrumentalisiert. Wäre die Bekämpfung von sexualisierter Gewalt politisch ein echtes Anliegen, wäre die Tatsache, dass 40 Prozent der Frauen in Deutschland in ihrem Leben bereits von körperlicher oder sexueller Gewalt betroffen waren und knapp 60 Prozent der Frauen bereits sexuelle Nötigung erlebt haben (BMFSFJ, 2004), Anlass genug, um nachdrücklich politisch und gesellschaftlich gegen sexualisierte Gewalt und Sexismus vorzugehen. Auch wären Frauennotrufe und Beratungsstellen für von sexualisierter Gewalt betroffene Frauen nicht ständig von finanziellen Kürzungen bedroht.

Auch keine Skandalisierung wert waren über Jahre hinweg die allabendlichen sexuellen Übergriffe bei Partys sowie die im Karneval und auf dem Münchner Oktoberfest. Zu Letzterem: Jährlich – und die Vereine zur Opferberatung *Amyna, Imma, Frauennotruf* und *sichere Wiesn* sprechen von einer Zunahme – kam es dort zu vier bis sechs bei der Polizei angezeigten vollendeten Vergewaltigungen und unterstützten die Vereine etwa 150 bis 200 Frauen, die von sexuellen Übergriffen oder weiteren Delikten betroffen waren. Diese Delikte führten nicht zum bundesweiten Skandal – aber auf dem Oktoberfest waren eben in aller Regel mehrheitsdeutsche Biertrinker die Täter. Doch just als Stefanie Lohaus und Anne Wizorek in ihrem Beitrag »Die Rape Culture wurde nicht nach Deutschland importiert – sie war schon immer da« (Lohaus & Wizorek, 2016) nun auch diese Übergriffe in München skandalisierten und einforderten, dass die Thematisierung sexualisierter Gewalt nicht rassistisch geführt werden darf, dementierte die Polizei die von den Autorinnen angeführten Zahlen zum Oktoberfest. Im Jahr 2009 habe es nicht zehn, sondern ›nur sechs‹ bei der Polizei angezeigte vollendete Vergewaltigungen gegeben (wobei die Hilfsvereine stets von einer höheren Dunkelziffer sprechen, weil Anzeigen von sexualisierter Gewalt bei der Polizei mit zahlreichen Schwierigkeiten behaftet sind). Die *Frankfurter Allgemeine Zeitung* titelte sogleich »Lügenzahl vom Oktoberfest« (Meyer, 2016), anstatt die Gelegenheit zu nutzen, sexualisierte Gewalt umfassend zu thematisieren.

Sexualisierte Gewalt muss thematisiert werden; aber eben nicht nur, wenn sie von als migrantisch zugeschriebenen Männern ausgeht, sondern auch, wenn sie von Männern der Dominanzkultur ausgeübt wird. Die besondere Fokussierung auf Köln und die daran anknüpfende Debatte rassifizierte sexualisierte Gewalt. Durch die Art der Thematisierung wird die von weißen Männern begangene sexualisierte Gewalt unsichtbar gemacht; das gilt auch für die Gewalt, die im Kontext von Behörden gegen Geflüchtete stattfinden kann und institutionalisiert stattfindet (vgl. Linke et al., 2016). Auch nicht bzw. kaum thematisiert wurde und wird weiterhin die aktuelle rassistische Gewalt, wie sie sich derzeit massiv in Deutschland zeigt (eingangs im Beitrag thematisiert) und wie sie im Januar in Köln stattfand, wo sich Rechtsradikale (die »Türsteher«) zusammenrotteten, um Männer zusammenzuschlagen, die sie als migrantisch wahrnahmen (vgl. Tagespresse, u. a.: Focus, 2016).

Ableitungen:

➢ Rechtsextreme Positionen versuchen diese Verschiebung der Debatte: Sie versuchen Männer of Color, als ›ausländisch‹ markierte Männer, als per se für Frauen und Schwule bedrohlich darzustellen; im Gegenzug markieren sie die weißen Männer der Dominanzkultur als per se ›emanzipatorisch‹, auf jeden Fall als ›nicht übergriffig‹. Die einen – Personen of Color – werden mit Vorwürfen sexualisierter Gewalt belastet und stehen unter Generalverdacht, die anderen – Personen der weißen Dominanzkultur – werden entlastet. Es wird ein Problem rassifiziert, das für die gesamte Gesellschaft relevant ist. Die aktuelle Debatte nutzt damit den von sexualisierter Gewalt Betroffenen nicht.

➢ Die rassistische Prägung der aktuellen Debatte begünstigt rassistische Gewalt. Sexualisierte Gewalt und rassistische Gewalt überlagern sich vielfach – und so ist es nötig, dass die Konzepte von Mehrfachdiskriminierung und Intersektionalität, wie sie in Deutschland von LesMigraS (www.lesmigras.de), von GLADT (www.gladt.de, u. a. Projekt HEJ – Handreichungen für emanzipatorische Jungenarbeit) und von I-Päd (www.ipaed.blogsport.de) entwickelt wurden, deutlich in politische und (sexual-)wissenschaftliche Konzepte eingehen. Dazu im folgenden Abschnitt mehr.

➢ Sexualisierte Gewalt muss nachhaltig angegangen werden. Das bedeutet, dass ein politischer Wille auch im von Männern dominierten Bundestag nötig ist, Präventionskonzepte auf den Weg zu bringen, anstatt stets und stetig bei den Praxisprojekten – wie den Frauennotrufen – einsparen zu wollen. Es muss eine gute – und auch intersektional geschulte (!) – flächendeckende Praxislandschaft entstehen. Und es muss eine flächendeckende gute sexualwissenschaftliche Forschungs- und Ausbildungslandschaft aufgebaut werden. (Bisher gibt es nur einen einzigen konsekutiven sexualwissenschaftlichen Studiengang im gesamten deutschsprachigen Raum!)

➢ Gleichzeitig darf man vor lauter Prävention auch nicht das Ziel aus den Augen verlieren: Es geht um eine selbstbestimmte geschlechtlich-sexuelle Entwicklung und Betätigung (bzw. auch Nicht-Betätigung) von Menschen, und es geht darum, Sexualität als positive Kraft zu vermitteln, vor der mensch keine Angst haben soll, sondern mit der man verantwortlich gegenüber sich selbst und grenzachtend gegenüber anderen umgeht.

3 Sexualwissenschaft und der rechtsextrem aufgeladene Diskurs

Sexualwissenschaft und Projekte zur Sexualaufklärung, die aus Kontexten der weißen Dominanzkultur kommen, arbeiten aktuell dem rechten gesellschaftlichen Diskurs zu, der Personen of Color als per se ›besonders‹ beschreibt – als besonders übergriffig oder besonders schutzbedürftig. Zu wenig wurden die teils hervorragenden theoretischen und methodischen pädagogischen Angebote zur Kenntnis genommen, wie sie von Selbstorganisationen von Personen of Color zu Fragestellungen der Geschlechter- und Sexuellen Bildung erarbeitet wurden. Im Folgenden soll das Defizit der Sexualwissenschaft und Sexualaufklärung exemplarisch aufgezeigt werden; ein Schwerpunkt liegt im Anschluss darauf, auf die aktuell relevanten Medien zu verweisen, die aus Richtung von (weiß dominierter) Sexualwissenschaft und Sexualaufklärung grundlegend zur Kenntnis genommen werden müssen, will man problematische – und teils sogar massiv rassistische – Zuschreibungen gegen als ›ausländisch‹ markierte Menschen verlernen. Gleichzeitig wird es zentral darum gehen müssen, dass Selbstorganisationen von Personen of Color mit Expertisen in die Entwicklung von Angeboten zur Sexuellen Bildung einbezogen werden und Personen of Color berufliche Perspektiven im Themenfeld erhalten.

Das Grundproblem sexualwissenschaftlicher und sexualaufklärerischer Herangehensweisen seitens der weißen Dominanzkultur wird exemplarisch ersichtlich, wirft man einen Blick auf die – im Themenfeld einflussreichen – Broschüren der *Bundeszentrale für gesundheitliche Aufklärung*. Im Heft *Migrantinnen und Migranten als Zielgruppe in der Sexualaufklärung und Familienplanung* (2011) heißt es im Fazit unter anderem:

> »Folgende Herausforderungen gibt es in der Sexualaufklärung und Familienplanung für Migrantinnen und Migranten:
> - die Erziehung zu patriarchalem Rollenverständnis bei Jungen und jungen Männern und die Auswirkungen auf Sexualverhalten und Partnerschaft
> - das traditionelle Rollenverständnis, die fehlende Sexualaufklärung (insbesondere durch die Eltern) und das mangelnde Körperwissen der Mädchen und Jungen
> - mangelnde Verhütungsverantwortung der Jungen
> - Einfluss der religiösen Bindung auf Aufklärungsbemühungen
> - die hohe Bedeutung des Kinderwunsches

– die Tradition, psychische Probleme und psychosoziale Konflikte ausschließlich in der Familie zu lösen und somit professionelle Beratungsangebote weniger zu nutzen« (BZgA, 2011, S. 38)

Es wird ein rein defizitorientierter Blick angelegt. So wird ein Bild männlicher Jugendlicher gezeichnet, bei dem migrantische Jugendliche in besonderem Maße »Botschaften für Gleichheit von Mann und Frau« (ebd.) erhalten müssten. Mädchen müssten zur Sexualaufklärung »am besten außerhalb des Elternhauses« (ebd.) erreicht werden, also in der Schule und über Online- und weitere Medien. Auch hier wird der Eindruck besonderer familiärer Struktur vermittelt, die Mädchen den Zugang zu Sexualaufklärung versperre – anstatt die grundlegende Feststellung im Blick zu haben, dass es stets Erklärungsbedarfe zu Sexualaufklärung in Bezug auf eine heterogene Elternschaft gibt, wie es aus der Praxis der Sexuellen Bildung bekannt ist. Durch die pauschalisierenden Feststellungen der BZgA werden Jugendliche mit Migrationshintergrund hingegen pauschalisiert gelesen und stigmatisiert und treten individuelle Fragen und Beratungsbedarfe zurück, sodass ihnen nicht angemessen begegnet werden kann.

Vor dem Hintergrund vorurteilsbeladener und zuschreibender Darstellungen erscheint es beinahe logisch, dass Jugendliche mit Migrationshintergrund schlechter durch bisher bestehende Beratungsangebote erreicht werden. Einen Zugang dazu, warum es so ist, bieten etwa die anschaulichen Darstellungen in den Büchern *Muslim Girls: Wer wir sind, wie wir leben* (El Masrar, 2010) und *Die Ungehaltenen* (Utlu, 2014); und auf wissenschaftlicher Ebene die auf Interviews basierenden Analysen *Homophobie und Islamophobie* (Çetin, 2012) und *Gespräche über Rassismus* (Çetin & Taş, 2015). Es geht konkret um tägliche Rassismuserfahrungen in der Gesellschaft, die die Familie und Peergroups Jugendlicher of Color als sichere Rückzugsorte übrig lassen. Dort erhalten die Jugendlichen Wertschätzung und können sich selbst als wertvoll erleben. Den rassistischen Erfahrungen tragen bestehende Beratungsangebote der Sexualaufklärung gar nicht oder nur in geringem Maße Rechnung. Bezüglich Hilfestellungen für lesbische und schwule Jugendliche bedeutet das etwa, dass sich die Beratungsangebote bisher nur

> »den Lebensverhältnissen weißer Jugendlicher der Mehrheitsgesellschaft [zuwenden], denen ggf. wegen ihrer gleichgeschlechtlichen sexuellen Orientierung ein Problem gemacht wird. Hier gibt es Spezialangebote wie Jugendgruppen, Angebote für HIV-Infizierte, betreute Wohngemeinschaften, solche für von Sucht Betroffene, welche für Lesben und Schwule mit Kindern etc. Hingegen wird auf spezielle Problemlagen von queeren Kindern und Jugendlichen mit Migrationshintergrund

> nicht eingegangen. Solche Problemlagen betreffen schlechtere Zugänge zu Arbeits- und Wohnungsmarkt, eine Unterrepräsentanz in Werbebroschüren und kulturellen Codes, sie zeigen sich aber auch in der Unterrepräsentierung in den Teams von Beratungsstellen (so dass diese mit spezifischen Problemlagen – Rassismus – kaum vertraut sind). Nicht zuletzt betreffen sie für einige Personen Fragen des Aufenthalts und der Abschiebung, und damit verbunden Fragen des Gesundheitswesens und der Fürsorge. Hierfür müssen Angebote gemacht werden. Es geht um konzeptionell neues Material, neue Angebote, das diesen spezifischen Lebenslagen Rechnung trägt« (Voß, 2014a).

Bereits durch das obige Zitat aus der Broschüre der BZgA (2011, S. 38) erhalten Jugendliche of Color den Eindruck, dass sie von den bereitgestellten Materialien der Sexualaufklärung und Familienplanung keine Hilfe erwarten können – oder dass diese zumindest gepaart mit Vorurteilen daherkommt: Als Jungen gelten sie dort als per se patriarchal und wenig reflektiert, als Mädchen dürfen sie maximal Aufmerksamkeit im Sinne eines überschäumenden Schutzes erwarten. Es besteht dringender Änderungsbedarf in der Konzeption derartiger Materialien!

Die verschiedenen Herangehensweisen an unterschiedliche Teile der Bevölkerung in Deutschland werden auch in den differenten Bewertungen von Verhaltensweisen deutlich. So werden von der BZgA Differenzen zwischen Menschen mit und ohne Migrationshintergrund eigens hervorgehoben. Beispielsweise heißt es in Bezug auf erste sexuelle Erfahrungen der Jugendlichen: »Unter den Jugendlichen mit Migrationshintergrund zwischen 14 und 17 Jahren hatten 26% der Mädchen und 37% der Jungen bereits Geschlechtsverkehr. Zum Vergleich: unter den deutschen Jugendlichen sind es 37% Mädchen und 31% Jungen« (BZgA, 2011, S. 22; vgl. BZgA, 2010a, S. 110). Die Daten werden dazu genutzt, um klassisch stereotyp zu diskutieren, dass Jungen mit Migrationshintergrund sexuell aktiver seien und insbesondere türkeistämmige Mädchen seltener sexuelle Kontakte hätten. Konkrete Überlegungen zu den Hintergründen schließen sich an (ebd.). Während hier eine Diskussion der Daten stattfindet, ist das an anderer Stelle nicht der Fall. So zeigen sich auch zwischen den Jugendlichen in West- und Ostdeutschland klare Differenzen: »Jugendliche im Osten (Mädchen: 46%, Jungen: 35%) [haben] etwas größere Erfahrungen mit Geschlechtsverkehr [...] als im Westen (Mädchen: 35%, Jungen 30%)« (BZgA, 2010a, S. 110). Hier schließen sich hingegen keine Überlegungen an, ob westdeutschen Jugendlichen damit möglicherweise eine besondere Hilfestellung zuteilwerden müsse. Gleichzeitig ist die Entscheidung Jugendlicher für oder gegen (selbstbestimmten) Sex gleichermaßen wertzuschätzen – das tut Sexualaufklärung (und hier exemplarisch BZgA) auch im Allgemeinen.

Eine zweite Studie der BZgA aus dem gleichen Jahr – sie nennt sich *Sexualität und Migration: Milieuspezifische Zugangswege für die Sexualaufklärung Jugendlicher* (BZgA 2010b) – stellte fest, dass die Aufklärungsmaterialien zur Sexualaufklärung und Familienplanung von Menschen mit und ohne Migrationshintergrund gleichermaßen akzeptiert würden. Hingegen würden Arbeiter_innenfamilien und traditionell-religiöse Familien nicht erreicht. Auch hier lassen sich Ursachen in der Art der Darstellung und Sprache ausmachen. So nutzt sogar die BZgA den oft despektierlich genutzten Milieu-Begriff (›migrantisches Milieu‹, ›traditionelles Arbeitermilieu‹). Der Milieu-Begriff ist durch die Verwendung in Bezug auf Kriminalitätsschwerpunkte diskreditiert (etwa: ›Drogenmilieu‹); so gilt es mittlerweile als No-Go, von einem ›Homosexuellenmilieu‹ zu sprechen, da dieser Begriff mit früherer massiver Kriminalisierung von schwulem Sex und schwuler Subkultur in der Bundesrepublik in Verbindung steht. Schon die Sprachwahl in der Broschüre der BZgA lässt also die notwendige Sensibilität vermissen, obwohl aus der Beratungspraxis klar ist, dass mit abwertender oder abschätziger Sprache, die zum Beispiel die selbst gewählte Geschlechtsidentität eines Menschen nicht ernst nimmt, eine Barriere zwischen beratender Person und Klient_in entsteht, die den Erfolg der Beratung gefährdet. Inkludierende Sprache, die sich nicht nur an der von Jugendlichen der Mittelschicht orientiert, und einschließende kulturelle Codes, die nicht nur auf weiße Personen und dominante paarorientierte Lebensweisen verweisen, könnten die Akzeptanz von Materialien auch in den ökonomisch und gesellschaftlich marginalisierten Teilen der Bevölkerung erhöhen.

Für die pädagogische Praxis gibt es mittlerweile Materialien und konkrete Kompetenzträger_innen, die für Workshops und Vorträge angefragt werden können. So wurden im Rahmen des Projekts *Homosexualität in der Einwanderungsgesellschaft – Handreichungen für emanzipatorische Jungenarbeit* (2008/09) des Vereins GLADT mehrere Broschüren entwickelt, die neben einer konkreten Situationsanalyse (die Rassismus, Klasse, Geschlecht und Sexualität reflektiert) auch konkrete methodische Herangehensweisen vorschlagen, um Herrschaftsverhältnisse und Diskriminierungen zu hinterfragen und mit Jungen (und anderen jungen Menschen) zu arbeiten. Es handelt sich um die folgenden Broschüren:

- *Dokumentation »Jungenarbeit in Bewegung«* – http://www.neukoelln-jugend.de/redsys/images/AG_jungen_vaeter/AG-Jungen/Doku_3-Berliner-Fachtag-Jungenarbeit.pdf (3.4.2016)
- *Geschlechterkonstruktionen & Sexismus* – https://issuu.com/ufuq.de/docs/geschlechterkonstruktionen (3.4.2016)
- *Identität* – https://issuu.com/ufuq.de/docs/identitaet2 (3.4.2016)

- *Wertvorstellungen* – https://issuu.com/ufuq.de/docs/wertvorstellungen (3.4.2016)
- *Gewalt* – https://issuu.com/ufuq.de/docs/gewalt (3.4.2016)
- *Homosexualität und Homophobie* – https://issuu.com/ufuq.de/docs/homophobie (3.4.2016)
- *Homophobie & Transphobie in der Einwanderungsgesellschaft. Ausmaß – Debatten – Hintergründe – Ansatzpunkte für eine gelingende Pädagogik* – https://issuu.com/ufuq.de/docs/homphobie (3.4.2016)
- *Homophobie in der Einwanderungsgesellschaft* – https://issuu.com/ufuq.de/docs/homophobie24 (3.4.2016)

Weitere Analysen und methodische Ansätze, um Herrschaftsverhältnisse und ihre Auswirkungen auf Identitätsbildung in der pädagogischen Arbeit auch in Bezug auf sexuelle Themen zu berücksichtigen, sind die folgenden:

- *Intersektionale Pädagogik: Handreichung für Sozialarbeiter_innen, Erzieher_innen, Lehrkräfte und die, die es noch werden wollen*; entwickelt von: Initiative »Intersektionale Pädagogik« – http://ipaed.blogsport.de/images/IPD.pdf (3.4.2016)
- *»...nicht so greifbar und doch real«: Eine quantitative und qualitative Studie zu Gewalt- und (Mehrfach-)Diskriminierungserfahrungen von lesbischen, bisexuellen Frauen und Trans* in Deutschland*; entwickelt von: LesMigraS – http://www.lesmigras.de/tl_files/lesmigras/kampagne/Dokumentation%20Studie%20web.pdf (3.4.2016); Übersicht auf http://www.lesmigras.de (3.4.2016)

Zentrale Kompetenzträger_innen im Themenfeld sind bei den entsprechenden Vereinen und Initiativen zu finden: GLADT, LesMigraS und I-Päd. Ihr Fokus liegt gerade auf der Verschränkung von Rassismus, Geschlechter- und Klassenverhältnissen und sie berücksichtigen dabei auch die Bedeutung von Sexualität in der individuellen Entwicklung des jeweiligen Menschen vor dem Hintergrund der Kenntnis sexueller Stereotype, wie sie seit dem europäischen Kolonialismus aufgekommen und mit Rassismus verbreitet worden sind. Klar ist auch, dass diese Vereine und Initiativen bislang insbesondere zu Geschlecht, Rassismus, Klasse und Sexualität gearbeitet haben (etwa zur Reflexion europäisch normierter Weiblichkeit und Männlichkeit) – und nur einige Angebote (Workshops, Seminare) zu Sexualaufklärung anbieten. Es wäre aber günstig gewesen und es ist für Folgeangebote unabdingbar nötig, diese Expertisen einzubeziehen, um Angebote zur Sexualaufklärung und Familienplanung wie das Portal ZANZU (www.zanzu.de)

intersektional reflektiert zu entwickeln (vgl. für einen guten Zugang zu Intersektionalität: Coster et al., 2014). Damit hätte der Eindruck vermieden werden können, dass auf dem neuen Portal weiße Personen der Dominanzkultur allen anderen – insbesondere aber Migrant_innen und Geflüchteten – Sexualität und damit verbundene Fragen erklären. Denn auch auf ZANZU zeigen sich in Bezug auf Vorstellungen zur Sexualität in Bildern und Texten klare Normen, wie sie von der Dominanzkultur ausgehen (etwa hinsichtlich normierter Genitalien, partnerschaftlicher Paarmodelle, vorangestellter ›leichter‹ Ikonografie und der nachfolgenden an der Mittelschicht orientierten Texte).

4 Fazit

Durch die konkreten rechtsextremen Entwicklungen ergeben sich in noch größerem Maße als bisher Anforderungen, auch überkommene sexualwissenschaftliche Forschungen und sexualaufklärerische Praxen auf weiße Vorannahmen und Vorurteile hin zu befragen. Durch Analysen, die Rassismus, Geschlechter- und Klassenverhältnisse gleichermaßen berücksichtigen und sich mit dem so informierten Blick Fragen zu Sexualität und Sexueller Bildung zuwenden, können diskriminierungsfreie(re) Konzepte und Handreichungen entwickelt werden. Wichtig wird es auch sein, die Entwicklung, dass in Großstädten ca. 40 bis 60% der Kinder und Jugendlichen Migrationshintergrund haben, auch bei Stellenbesetzungen zu berücksichtigen – Menschen mit Migrationshintergrund und insgesamt Personen of Color müssen für sozialpädagogische Berufe, Lehrberufe und solche im Feld der Sozialen Arbeit gewonnen werden; hierfür wird es erforderlich sein, rassistische Benachteiligungen insbesondere an Fachhochschulen und Universitäten (vgl. die Twitter-Debatte unter *#CampusRassismus*) sowie bei der Neueinstellung in den entsprechenden Berufsfeldern abzustellen.

Literatur

Bauer, T. (2011). *Die Kultur der Ambiguität. Eine andere Geschichte des Islams.* Berlin: Verlag der Weltreligionen im Insel Verlag.

BMFSFJ (2004). Lebenssituation, Sicherheit und Gesundheit von Frauen in Deutschland: Eine repräsentative Untersuchung zu Gewalt gegen Frauen in Deutschland. Berlin: Bundesministerium für Familie, Senioren, Frauen und Jugend. http://www.bmfsfj.de/RedaktionBMFSFJ/Abteilung4/Pdf-Anlagen/langfassung-studie-frauen-teil-eins,property=pdf,bereich=bmfsfj,sprache=de,rwb=true.pdf (3.4.2016).

BZgA (2010a). Jugendsexualität. Köln. https://www.tns-emnid.com/studien/pdf/jugendsexualitaet.pdf (3.4.2016).

BZgA (2010b). Sexualität und Migration: Milieuspezifische Zugangswege für die Sexualaufklärung Jugendlicher. Köln. http://www.bzga.de/pdf.php?id=6d361f8ad670a38d807b3c729bc9a403 (3.4.2016).

BZgA (2011). Migrantinnen und Migranten als Zielgruppe der Sexualaufklärung und Familienplanung. Köln. https://publikationen.sexualaufklaerung.de/cgi-sub/fetch.php?id=668 (3.4.2016).

Çetin, Z. (2012). *Homophobie und Islamophobie. Intersektionale Diskriminierungen am Beispiel binationaler schwuler Paare in Berlin.* Bielefeld: transcript Verlag.

Çetin, Z., Voß, H.-J. & Wolter, S. A. (2012). *Interventionen gegen die deutsche »Beschneidungsdebatte«.* Münster: Edition Assemblage.

Çetin, Z. & Taş, S. (Hrsg.). (2015). *Gespräche über Rassismus – Perspektiven und Widerstände.* Berlin: Verlag Yılmaz-Günay.

Çetin, Z., Voß, H.-J. & Wolter, S. A. (2016; im Druck): Schwule Sichtbarkeit – schwule Identität. Gießen: Psychosozial-Verlag.

Coster, C. de, Wolter, S. & Yılmaz-Günay, K. (2014). Intersektionalität in der Bildungsarbeit. In M. Hawel & S. Kalmring (Hrsg.), *Bildung mit links! Gesellschaftskritik und emanzipierte Lernprozesse im flexibilisierten Kapitalismus.* (S. 118–135). Hamburg: VSA Verlag.

El Masrar, S. (2010). *Muslim Girls: Wer wir sind, wie wir leben.* Köln: Eichborn Verlag

Focus (2016). Nach Übergriffen in Köln: Bürgerwehr verabredet sich auf Facebook. Focus, 14.1.2016. http://www.focus.de/regional/koeln/angriffe-auf-migranten-in-koeln-koeln-wehrt-sich-buergerwehr-verabredet-sich-auf-facebook_id_5207517.html (3.4.2016).

Linke, T., Hashemi, F. & Voß, H.-J. (2016). Sexualisierte Gewalt, Traumatisierung und Flucht. *Sexuologie – Zeitschrift für Sexualmedizin, Sexualtherapie und Sexualwissenschaft, 23*(1/2).

Lohaus, S. & Wizorek, A. (2016). Die Rape Culture wurde nicht nach Deutschland importiert – sie war schon immer da. http://www.vice.com/de/read/die-rape-culture-wurde-nicht-nach-deutschland-importiert-sie-war-schon-immer-da-aufschrei-118 (3.4.2016).

Lotta (2014). Antifeminismus als Scharnier zwischen extremer Rechter, Konservativismus und bürgerlichem Mainstream. *Lotta – Antifaschistische Zeitung aus NRW, Rheinland-Pfalz und Hessen, 57.*

Meyer, R. (2016). Lügenzahl vom Oktoberfest. http://www.faz.net/aktuell/feuilleton/debatten/die-uebergriffe-in-koeln-und-falsche-zahlen-von-der-wiesn-14004617.html (3.4.2016).

Programmentwurf AfD (2016). Grundsatzprogramm der Alternative für Deutschland: Leitantrag der Bundesprogrammkommission und des Bundesvorstandes. https://www.alternativefuer.de/wp-content/uploads/sites/7/2016/03/Leitantrag-Grundsatzprogramm-AfD.pdf (3.4.2016).

Queer.de (2016a). Die Alibi-Homosexuelle: Maischberger outet Lesbe im AfD-Bundesvorstand. Queer.de, 17.3.2016, http://www.queer.de/detail.php?article_id=25787 (3.4.2016).

Queer.de (2016b). Entwurf des Grundsatzprogramms – Jetzt offiziell: AfD will Kinder vor Lesben und Schwulen schützen. Queer.de, 24.3.2016, http://www.queer.de/detail.php?article_id=25830 (3.4.2016).

Runderlass Sachsen-Anhalt (2015). Sexualerziehung an den allgemeinbildenden und -berufsbildenden Schulen. RdErl. des MK vom 15.4.2015-26-82113 (Sachsen-Anhalt). http://www.mk.bildung-lsa.de/bildung/er-sexualerziehung_2015.pdf (3.4.2016).

Said, E. W. (2003) [1978]. *Orientalism: Western Conceptions of the Orient.* London: Penguin.

Sanders, E., Jentsch, U. & Hansen, F. (2014). *»Deutschland treibt sich ab«: Organisierter ›Lebensschutz‹, christlicher Fundamentalismus und Antifeminismus.* Münster: Unrast-Verlag.

Sigusch, V. (2005). *Neosexualitäten: Über den kulturellen Wandel von Liebe und Perversion.* Frankfurt a. M.: Campus Verlag.

Spiegel (2016). Anti-Islam-Bewegung: Sächsisches Ministerium hatte direkten Draht zur Pegida-Spitze. *Spiegel*, Heft 2/2016. http://www.spiegel.de/politik/deutschland/pegida-hatte-direkten-draht-in-sachsens-innenministerium-a-1015935.html (3.4.2016).

Tagesspiegel (2016). Nach Sperre in Bornheim. Weitere Schwimmbäder verhängen Verbote für Flüchtlinge. *Tagesspiegel*, 25.1.2016, http://www.tagesspiegel.de/politik/nach-sperre-in-bornheim-weitere-schwimmbaeder-verhaengen-verbote-fuer-fluechtlinge/12875536.html (3.4.2016).

Utlu, D. (2014). *Die Ungehaltenen*. Berlin: Graf Verlag.

Voß, H.-J. (2014a). Geschlechtliche und sexuelle Zurichtungen im Kapitalismus. In *Sozialmagazin, 39*(3–4), 90–96.

Voß, H.-J. (2014b). *Überblick: Angriffe gegen Geschlechterforscher_innen und Sexualpädagog_innen und die Positionierungen von Fachgesellschaften*. Dasendedessex, November 2014, http://www.dasendedessex.de/ueberblick-angriffe-gegen-geschlechterforscher_innen-und-sexualpaedagog_innen-und-die-positionierungen-von-fachgesellschaften/ (3.4.2016).

Welt (2016). »Elefantenrunde« vor der Landtagswahl ohne AfD-Vertreter. *Welt*, 19.1.2016, http://www.welt.de/regionales/rheinland-pfalz-saarland/article151164281/Elefantenrunde-vor-der-Landtagswahl-ohne-AfD-Vertreter.html (3.4.2016).

Wolter, S. A. & Voß, H.-J. (2013). *Queer und (Anti-)Kapitalismus*. Stuttgart: Schmetterling-Verlag.

Yılmaz-Günay, K. (2014). *Karriere eines konstruierten Gegensatzes: zehn Jahre »Muslime versus Schwule«. Sexualpolitiken seit dem 11. September 2001*. Münster: Edition Assemblage.

Zeit (2016a): AfD-Parteiprogramm: Mehr Polizei, mehr Waffen, mehr Schadstoffe. *Zeit*, 13.3.2016, http://www.zeit.de/politik/deutschland/2016-03/afd-partei-programm-entwurf (3.4.2016).

Zeit (2016b): Flüchtlinge: Freiburger Clubs sperren Asylbewerber aus. *Zeit*, 23.1.2016, http://www.zeit.de/gesellschaft/zeitgeschehen/2016-01/fluechtlinge-clubs-freiburg-verbot (3.4.2016).

Aufklärungsprojekte im Wandel: (Wie oft) Trans* (er)zählt

Bestandsaufnahme und geplante Evaluation der Workshops in Deutschland

Ulrich Klocke

Einleitung

Homo- und Trans*Phobie als Facetten gruppenbezogener Menschenfeindlichkeit sind unter Jugendlichen weitverbreitet (Klocke, 2012, 2016). Jugendliche, die lesbisch, schwul, bisexuell, trans*geschlechtlich (LSBT) oder in ihrer sexuellen Identität unsicher sind, haben daher ein etwa fünfmal höheres Suizidrisiko als heterosexuell-cisgeschlechtliche[1] Jugendliche (Burton et. al., 2013; Clark et al., 2014; Plöderl et al., 2014). Deutschlandweit versuchen über 50 Aufklärungsprojekte[2] diese Situation zu verbessern, indem sie in Schulen und Jugendeinrichtungen Workshops anbieten, in denen junge LSBT[3] über ihr Coming-out berichten und die Fragen der Schüler_innen beantworten. Die Projekte wenden dabei die Kontakthypothese (Allport, 1954) an, nach der die Einstellung von Menschen gegenüber einer anderen Gruppe positiver wird, wenn sie Mitglieder dieser Gruppe persönlich kennenlernen. Die Kontakthypothese ist mittlerweile durch Hunderte sozialpsychologischer Studien sehr gut belegt (Lemmer & Wagner, 2015), auch für Kontakt zu Lesben und Schwulen (Pettigrew & Tropp, 2006; Smith et al., 2009) und Trans* (Walch et al., 2012).

Evaluationsstudien zu den Aufklärungsworkshops im deutschsprachigen Raum weisen ebenfalls darauf hin, dass diese die Einstellungen gegenüber Lesben und

---

1 *Cisgeschlechtlich* bedeutet, dass das körperliche Geschlecht bei Geburt der späteren Geschlechtsidentität entspricht.

2 http://bksl.queernet-rlp.de/schulaufklaerung (24.8.2016)

3 Auch Intergeschlechtlichkeit wird in vielen Workshops thematisiert. In unserer Bestandsaufnahme berichtete allerdings keines der Projekte, dass es bereits intergeschlechtliche Durchführende gibt.

Schwulen verbessern. Zur Einstellungsverbesserung gegenüber Trans* gibt es meines Wissens noch keine Untersuchung. Mit Ausnahme der Evaluation von Timmermanns (2003) untersuchten die Studien jeweils nur wenige Workshops eines einzelnen Projekts (Anglowski, 2000; Klocke & Spielberg, 2009; Lang, Reipen & Heinrich, 2007; Navarra, 2006; Schack, 2010; Wiedmer, 2009). Teilweise fehlen relevante Messwiederholungsanalysen bzw. die geeignete statistische Methodik zur Überprüfung der Wirksamkeit. International betrachtet stammen 87% von 159 Wirksamkeitsstudien zur Verbesserung der Einstellungen gegenüber Lesben, Schwulen und Bisexuellen aus Nordamerika und nur 8% aus Europa (Bartoş et al., 2014). 87% dieser Studien untersuchten Studierende und nur 4% Jugendliche. Nur zwei Studien untersuchten auch den Effekt von Kontakt auf das Verhalten (und nicht nur auf die Einstellungen) gegenüber Lesben und Schwulen. Nur wenige Studien analysierten auch Langzeiteffekte. Es besteht also ein Forschungsdefizit zu nachhaltigen Interventionen gegen diskriminierendes Verhalten unter Jugendlichen, obwohl die Situation gerade in Schulen und Jugendeinrichtungen besonders beunruhigend ist. Da jede Studie meist nur wenige Klassen oder Gruppen einbezogen hat, gibt es darüber hinaus kaum Hinweise dazu, welche Bedingungen für eine Verbesserung von Einstellungen und Verhalten durch die Workshops besonders förderlich sind.

Diese Forschungslücke soll durch eine deutschlandweite Evaluation behoben werden, deren Konzept in Abschnitt 2 skizziert wird. Zur Vorbereitung der Evaluation wurden die Projekte einer Bestandsaufnahme unterzogen (siehe Abschnitt 1), bei der wir die Projektmitglieder in Interviews und per Fragebogen befragt und in Workshops hospitiert haben. Dabei wurden Inhalte, Methoden und Rahmenbedingungen der Workshops sowie Ziele und Fragestellungen der Projektmitglieder untersucht. Bei den in Abschnitt 1 präsentierten Ergebnissen wird schwerpunktmäßig darauf eingegangen, inwiefern Trans* bei der Durchführung der Workshops beteiligt und inhaltlich in den Workshops präsent sind.

1 Eine Bestandsaufnahme der Aufklärungsprojekte in Deutschland

1.1 Methoden

Qualitative Inhaltsanalysen

Zunächst wurden die Internet-Selbstdarstellungen von 45 Projekten aus Deutschland inhaltsanalytisch danach ausgewertet, welche Ziele die Projekte verfolgen, welche Inhalte sie in den Workshops thematisieren und welche Methoden sie dabei verwenden (Salden, 2014). Bei Unklarheiten wurden diese Angaben ergänzt durch Interviews mit zwölf Durchführenden aus zehn verschiedenen Projekten sowie Hospitationen in fünf Workshops aus drei Projekten. In den Interviews wurde zudem nach Forschungsfragen bzw. Erfolgs- und Misserfolgsfaktoren gefragt, die in einer Evaluation untersucht werden sollten. Auf der Basis einer qualitativen Inhaltsanalyse der Texte, Antworten und Beobachtungen entwickelte Salden zwei Onlinefragebögen (Fragebogen 1 und 2), die mehrfach vorkommende Kategorien zusätzlich quantitativ erfassten.

Fragebogen 1 (Projektverantwortliche): Beschreibung von Workshops, Projekten und Zielgruppe

Fragebogen 1 wurde von 30 Projekten beantwortet – jeweils einmal für jedes Projekt von einer verantwortlichen Person (oder auch von mehreren in Zusammenarbeit). Die Ausfüllenden wurden gebeten anzugeben, in wie vielen der von ihnen im vergangenen Schuljahr durchgeführten Workshops sie die im Fragebogen vorgegebenen Inhalte thematisiert bzw. Methoden (Module) verwendet hatten. Darüber hinaus machten sie Angaben zu Merkmalen der Workshop-Teilnehmenden (z. B. deren Jahrgangsstufen), Merkmalen der Durchführenden (z. B. deren sexueller/geschlechtlicher Identität) und dem prinzipiellen Interesse des Projekts, an einer Evaluation teilzunehmen.

Fragebogen 2 (Durchführende): Ziele und Forschungsfragen

Fragebogen 2 wurde von 80 Mitgliedern aus 25 Projekten beantwortet. Die Projektmitglieder wurden gebeten, 30 in der qualitativen Inhaltsanalyse mehrfach vorkommenden Ziele und 18 Forschungsfragen nach ihrer Wichtigkeit einzustufen.

Fragebogen 3 (Durchführende): Ziele, Wirkfaktoren und vermutete Wirkungen

Da die Durchführenden in Fragebogen 2 die Mehrheit der Ziele als sehr wichtig bewerteten, aber in einer Evaluation notgedrungen eine Beschränkung erfolgen muss, wurden 43 Projektmitglieder aus 23 Projekten erneut befragt (Antwerpen, 2014). In Fragebogen 3 sollten nun die wichtigsten 34 Ziele in fünf Wichtigkeitskategorien einsortiert werden, wobei die Zahl pro Kategorie beschränkt war, um eine Priorisierung zu erzwingen. Zudem wurden 36 Forschungsfragen (formuliert als Wirkfaktoren) vorgelegt. Es wurde nicht nur nach der Wichtigkeit der

Faktoren gefragt, sondern auch nach der vermuteten Wirkung, also danach, ob ein Faktor (z. B. die Freiwilligkeit der Teilnahme am Workshop oder die Heterogenität der Durchführenden) die Wirkung der Workshops vermutlich verstärkt, abschwächt oder unbeeinflusst lässt.

1.2 Wer führt die Workshops durch?

Die meisten Workshops werden ehrenamtlich von zwei oder drei Personen durchgeführt, dauern zwei bis vier Schulstunden und finden ohne Anwesenheit einer Lehrkraft statt. Die Durchführenden sind überwiegend jünger als 30 Jahre. Zwar sind viele Projekte ursprünglich mit einem Schwerpunkt auf dem Thema Homosexualität gestartet, die Bestandsaufnahme zeigt jedoch, dass sowohl die Themenpalette als auch die Zusammensetzung der Teams vielfältiger geworden sind. In 14 von 28 Projekten, die die entsprechenden Fragen beantworteten, sind jedes Mal oder zumindest gelegentlich Trans*Männer an den Schulbesuchen beteiligt, in 6 Projekten Trans*Frauen und in 8 Projekten weitere trans*geschlechtliche Personen. Offen intergeschlechtliche Personen fehlten allerdings (zumindest zum Zeitpunkt der Befragung) bei den antwortenden Projekten. Bei allen Projekten sind schwule Männer beteiligt, bei fast allen lesbische Frauen und bei 19 von 30 Projekten bisexuelle Frauen. Weitere Gruppen sind an folgender Zahl von Projekten beteiligt: bisexuelle Männer (11), heterosexuelle Frauen (9), pansexuelle[4] Frauen (8), pansexuelle Männer 6), heterosexuelle Männer (5) und People of Color (6).

1.3 Welche Ziele haben die Projektmitglieder?

Laut der Antworten in Fragebogen 3 ist den Projektmitgliedern am wichtigsten, dass die Jugendlichen durch die Workshops generell sensibler für Diskriminierung werden und einer Gleichbehandlung sozialer Gruppen (auch über LSBTIQ[5] hinaus) stärker zustimmen. Gleichauf liegt das Ziel, dass die Jugendlichen sich weniger diskriminierend verhalten und (fast genau so wichtig), dass

4 Pansexualität ist eine sexuelle Orientierung, bei der Personen nicht (wie bei Bisexualität) nur Frauen und Männer begehren, sondern sich zu mehr Geschlechtern (z. B. zu genderqueeren/trans*geschlechtlichen Personen) hingezogen fühlen können.

5 LSBTIQ steht für Lesben, Schwule, Bisexuelle, trans*- und intergeschlechtliche Personen bzw. Personen, die sich als *queer* definieren.

sie sich solidarischer verhalten, wenn andere gemobbt oder diskriminiert werden. Darüber hinaus streben die Projektmitglieder an, dass die Jugendlichen Vielfalt stärker als Bereicherung für das gesellschaftliche Miteinander begreifen, positivere Einstellungen gegenüber LSBTIQ entwickeln und Verhalten oder Aussehen, das traditionellen Geschlechterrollen widerspricht, größere Akzeptanz entgegenbringen. Im Vergleich zu diesen Verhaltens- und Einstellungszielen wird Wissenszuwachs (z. B. über die Lebenswelten von Lesben, Schwulen und Trans*) als nachrangig bewertet.

Betrachtet man spezifische soziale Gruppen, für die eine Verbesserung erreicht werden soll, so stehen lesbische, schwule und trans*geschlechtliche Personen gemeinsam an der Spitze. Es folgen die Gruppe der Bisexuellen, der Intergeschlechtlichen, der Personen mit anderen sexuellen Orientierungen und der von Mehrfachdiskriminierung betroffenen LSBTI.

1.4 Was geschieht in den Workshops?

Fast immer berichten die Durchführenden aus ihrer eigenen Biografie (Schwerpunkt in 92% der Workshops), z. B. zum Umgang mit sexueller Identität (84%) und Diskriminierungen (84%). Fast immer haben die Teilnehmenden ausführlich die Gelegenheit, den Durchführenden (anonym) Fragen zu stellen (92%). Inhaltlich geht es zudem oft um die Themen Vorurteile (75%), Stereotype (70%) und die Frage ›Was ist normal?‹ (70%). Sexualerziehung im engeren Sinne findet hingegen nur gelegentlich statt. Methodisch werden meist Übungen durchgeführt, in denen die Teilnehmenden über sich selbst reflektieren (74%, z. B. mit dem ›Ich – Ich nicht‹-Spiel[6]) oder LSBTI-bezogene Begriffe erläutern, ordnen und diskutieren (64%).

Über das Thema Trans*Geschlechtlichkeit bzw. Trans*Menschen wird in 88% der Workshops zumindest kurz gesprochen, in 76% der Workshops wird es ausführlicher thematisiert. Auch über Intergeschlechtlichkeit wird in 68% der Workshops kurz, in 55% der Workshops ausführlicher gesprochen. Die am häufigsten ausführlicher thematisierten Gruppen sind lesbische Frauen und schwule Männer (je 94%). Es folgen (gleichauf mit Trans*) bisexuelle Menschen (76%).

Auch bei vielen konkreten Methoden spielt neben dem Thema sexuelle Orientierung auch das Thema Geschlecht in seinen unterschiedlichen Facetten eine

6 http://portal-intersektionalitaet.de/forum-praxis/methodenlaboratorium/methodenpool/intersektionalitaet/2012/ich-nicht-ich/ (25.08.2016)

Rolle. Neun der 30 Projekte nutzen beispielsweise die Methode *Gender Gumby* bzw. *Genderbread Person*[7] zur Veranschaulichung der vier Ebenen von Geschlecht: Geschlechtsidentität, Geschlechtsinszenierung, biologisches Geschlecht und sexuelle Anziehung. Die Durchführenden erläutern diese vier Ebenen und verschiedene ihrer Ausprägungen (z. B. Trans*- und Intergeschlechtlichkeit oder Asexualität) und positionieren sich selbst. Zur Positionierung können je Ebene entweder eine Dimension mit den Polen Frau/weiblich/feminin und Mann/männlich/maskulin oder auch je zwei unabhängige Dimensionen dienen. Durch die unterschiedlichen Positionierungen der Durchführenden erhalten die Jugendlichen einen Einblick in die Vielfalt möglicher Ausprägungen von Geschlecht und lernen, dass die verschiedenen Ebenen und Dimensionen sich nicht zwangsläufig bedingen, sondern prinzipiell voneinander unabhängig sind. Fünf Projekte nutzen die im vorliegenden Heft kurz beschriebene Methode der Reflexion über Geschlechternormen durch die Ergänzung von Sätzen dazu, was Mädchen bzw. Jungen müssen und dürfen (Klocke, 2016).

1.5 Welche Forschungsfragen haben die Projektmitglieder?

Eine generelle Forschungsfrage lautet: Unter welchen Bedingungen werden die Ziele der Workshops (siehe Abschnitt 1.3) am wahrscheinlichsten erreicht? Doch welche aller möglichen Bedingungen sollen in der Evaluation untersucht werden? Damit die geplante Evaluation die Workshops verbessern kann, sollen Forschungsfragen untersucht werden, deren Beantwortung die Projektmitglieder selbst als wichtig für ihre Arbeit bewerten. Zudem ist es sinnvoll, Wirkfaktoren zu untersuchen, bei denen sich die Mitglieder uneinig über die Wirkung sind. Bei diesen Faktoren kann eine Untersuchung zu einer Klärung beitragen und die zukünftige Gestaltung der Workshops in eine positive Richtung beeinflussen. Abbildung 1 stellt die Wirkfaktoren dar, deren Untersuchung in Fragebogen 3 als am wichtigsten eingeschätzt wurde (erste sieben Zeilen, karierter Balken) oder deren Wirkung von den Projektmitgliedern kontrovers eingeschätzt wurde (letzte fünf Zeilen, hellgrauer Balken).

Es kristallisieren sich vier verschiedene Bereiche heraus, deren Untersuchung vielversprechend ist:

1. Inhalte: Welchen Anteil sollten Erzählungen zum Umgang mit der eigenen Geschlechtsidentität oder sexuellen Orientierung (z. B. Erfahrungen

7 http://itspronouncedmetrosexual.com/2012/03/the-genderbread-person-v2-0/ (25.08.2016)

beim Coming-out) einnehmen (a)? Wie hilfreich ist die Thematisierung von Diskriminierung aus dem eigenen Erfahrungsschatz (b) und unabhängig von den eigenen Erfahrungen (k)? Während eine positive Wirkung der eigenen Erfahrungen unter den Durchführenden unumstritten ist, wird eine abstraktere Thematisierung von Diskriminierung sehr kontrovers beurteilt.

2. Zusammensetzung des Teams: Die Projektmitglieder vermuten, dass es sich sehr positiv auswirkt, wenn die Durchführenden unterschiedliche sexuelle Orientierungen haben und diese offenbaren (c), und wünschen, dass dieser Faktor in einer Evaluation untersucht wird. Auch einer gemischten Zusammensetzung des Teams aus cis-, trans*- und intergeschlechtlichen Durchführenden wird eine positive Wirkung zugeschrieben (M = 1.8, SD = 1.0) und ihre Untersuchung als sehr wichtig erachtet (M = 3.0). Kontroverser sehen sie die Frage, wie es sich auswirkt, wenn die Durchführenden stereotypinkonsistent, also schwer als LSBTQ[8] erkennbar, sind (l).
3. Umgang mit Stereotypen: Ebenfalls als sehr wichtig bewerten es die Projektmitglieder, den optimalen Umgang mit den Stereotypen der Teilnehmenden zu untersuchen. Überwiegend vermuten die Durchführenden, dass es sich positiv auswirkt, wenn die Teilnehmenden ihre Stereotype ohne Angst vor Missbilligung äußern können (d). Kontroverser wird eine Widerlegung der Stereotype durch die Durchführenden (h) sowie Stereotypinkonsistenz der Durchführenden (l) bewertet.
4. Sichtweisen auf sexuelle Identität: In 87% der Workshops wird (z. B. auf Nachfrage der Teilnehmenden) die Unfreiwilligkeit sexueller Orientierung thematisiert, in 62% aber auch die Veränderlichkeit sexueller Identität im Laufe des Lebens. Ob sexuelle und geschlechtliche Identität als selbstbestimmt wählbar dargestellt werden sollte (j), ist unter den Projektmitgliedern besonders kontrovers.

Ebenfalls sehr wichtig fänden die Projektmitglieder zu untersuchen, ob die Teilnehmenden in den Workshops nur lernen, politisch korrekt zu sein, oder ob sich tatsächlich ihre Einstellung ändert (erhoben in Fragebogen 2) und wie wichtig eine Nachbereitung der Workshopinhalte im Unterricht (e), eine Qualifizierung der Durchführenden (f) und die Hinterfragung von Geschlechterbildern in den Workshops (g) sind.

8 Der Buchstabe I für intergeschlechtliche Personen wurde hier nicht erwähnt, da wir davon ausgingen, dass nur wenige Schüler_innen über ein Stereotyp zu Intergeschlechtlichkeit verfügen.

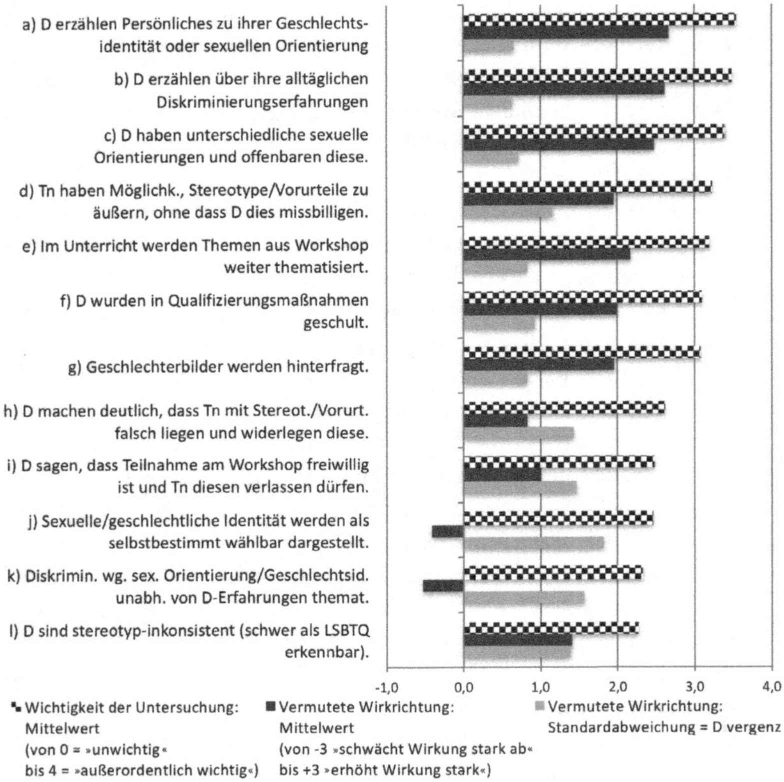

Abb. 1: Einschätzung der Wirkfaktoren durch die Projektmitglieder (Fragebogen 3); D = Durchführende

2 Die geplante Evaluation

2.1 Warum ist eine Evaluation sinnvoll?

Die geplante Evaluation hat zwei Ziele: 1. die generelle Wirksamkeit der Workshops wissenschaftlich fundierter als in bisherigen Evaluationen zu prüfen und 2. die Workshops zu verbessern, indem a) relevante Wirkfaktoren identifiziert werden und b) die teilnehmenden Projekte auf Wunsch Feedback zu ihren eigenen Ergebnissen erhalten.

Fundierte Prüfung der Wirksamkeit

In den vergangenen Jahren haben sich die Aufklärungsprojekte in Deutschland professionalisiert. Es gibt Methodensammlungen (z. B. die SchLAue Kiste[9]) und Mindeststandards für die Vorbereitung und Durchführung. Im Mai 2014 hat sich mit *Queere Bildung e. V.* ein Dachverband von 23 Projekten gegründet mit dem Ziel, die Vernetzung und Professionalisierung der Projekte weiter voranzutreiben. Durch eine umfassende Evaluation können die spezifischen Wirkungen der Workshops methodisch abgesicherter als in bisherigen kleinen Evaluationsstudien identifiziert werden, beispielsweise ob sie Vorurteile gegenüber Lesben, Schwulen und Trans* gleichermaßen reduzieren, ob auch die generelle Wertschätzung von Vielfalt und Gleichbehandlung gestärkt wird und ob sich nicht nur Einstellungen, sondern auch das Verhalten ändern. Zudem können Aussagen über die Nachhaltigkeit gemacht werden, also darüber, ob die Workshops auch über unmittelbare Reaktionen hinausgehend zu einem Umdenken führen. Ein positives Ergebnis kann zu einer stärkeren Förderung der Aufklärungsprojekte durch Politik und Verwaltung beitragen und die Nachfrage durch die Schulen und Jugendeinrichtungen sowie die Bereitschaft von LSBTI, sich in diesem Bereich ehrenamtlich zu engagieren, steigern.

Identifikation relevanter Wirkfaktoren

Noch wichtiger als die Klärung der generellen Wirksamkeit der Workshops ist die Beantwortung der Frage, unter welchen Bedingungen die Workshops Vorurteile und Diskriminierung am wirksamsten abbauen. Aufgrund der zu kleinen Stichproben lassen sich durch existierende Evaluationen solche Forschungsfragen nicht beantworten.

Beispielsweise wäre es für die Durchführenden hilfreich zu wissen, welche Bedingungen sie gegenüber den Schulen und Jugendeinrichtungen formulieren sollten, bevor sie die Schulklassen bzw. Jugendgruppen besuchen: Ist es notwendig für einen nachhaltigen Vorurteilsabbau, dass der Workshop länger als zwei Stunden dauert und die pädagogischen Fachkräfte ihn vor- und nachbereiten? Auch wichtig ist, welche Bedingungen die Durchführenden selbst schaffen sollten: Sollten sie den Teilnehmenden (altersmäßig) möglichst ähnlich sein (Peer-Ansatz) und auf eine gemischte Zusammensetzung des Teams achten (z. B. be-

---

9 entworfen von SCHLAU NRW (Schwul Lesbisch Bi Trans*-Aufklärung in NRW): http://www.schule-der-vielfalt.de/projekte_schlau.htm (25.08.2016) züglich geschlechtlicher und sexueller Identität oder ethnischem Hintergrund)? Sollten sie ihre Erfahrungen von Diskriminierung schildern oder sich besser auf positive Erlebnisse konzentrieren?

Verbesserung der Workshops durch Feedback

Zusätzlich zu den Gesamtergebnissen werden wir den teilnehmenden Projekten auf Wunsch ein Feedback zu den Ergebnissen der eigenen Workshops geben. Auf diese Weise lernen die Durchführenden ihre eigenen Stärken und Schwächen genauer kennen und können zukünftige Workshops gezielt anpassen.

2.2 Hypothesen und Forschungsfragen

Hauptziel der Evaluation ist die Optimierung der Aufklärungsworkshops. Die Durchführenden der Workshops sind also die Hauptzielgruppe der Ergebnisse. Daher wurden Hypothesen und Fragestellungen der Evaluation auf der Basis der in den Abschnitt 1.5 dargestellten Beurteilungen durch die Durchführenden ausgewählt und anhand aktueller Ergebnisse der Vorurteilsforschung präzisiert.

Hypothese 1: Je bewusster den Teilnehmenden die sexuelle Orientierung bzw. Geschlechtsidentität der LSBT[10]-Durchführenden ist, desto mehr verbessern die Workshops Einstellungen und Verhalten.

Diese Hypothese ist vielleicht auf den ersten Blick überraschend. Leicht nachvollziehbar ist, dass der Kontakt möglichst angenehm verlaufen sollte, damit die kontaktierten Fremdgruppenmitglieder[11] positiv bewertet werden (Wilder, 1984). Damit diese positive Bewertung nun aber auf die gesamte Gruppe generalisiert wird, also Einstellungen gegenüber LSBT verbessert werden, ist noch ein zweiter Prozess nötig: Die Gruppenzugehörigkeit der Durchführenden sollte den Teilnehmenden bewusst sein, damit diese von ihrem Urteil über die Durchführenden auf die Gruppe schließen (Scarberry et al., 1997). Das Bewusstsein über die sexuelle Orientierung bzw. Geschlechtsidentität wird in den Workshops

10 In den befragten Projekten arbeiteten zum Zeitpunkt der Evaluation (noch) keine intergeschlechtlichen Personen mit.

11 *Fremdgruppe* (bzw. *Outgroup*) bezeichnet eine soziale Gruppe, der die betrachtete Person (z. B. eine heterosexuell-cisgeschlechtliche Schülerin) selbst nicht angehört (im Gegensatz zu einer *Eigengruppe* bzw. *Ingroup*).

dadurch gesteigert, dass die Durchführenden Erfahrungen aus ihrer Biografie berichten, die im Zusammenhang mit der eigenen sexuellen Orientierung bzw. Geschlechtsidentität stehen, z. B. von ihrem Coming-out, von Diskriminierungen und positiven Reaktionen anderer, von Sexualität und Partnerschaft und von der LSBTI-Community. Passend dazu vermuten auch die Durchführenden, dass es sich positiv auswirkt, wenn sie in den Workshops Persönliches zu ihrer sexuellen Orientierung oder Geschlechtsidentität und alltägliche Diskriminierungserfahrungen berichten (siehe Abschnitt 1.5).

Eine offene Frage ist, wie früh den Teilnehmenden die Gruppenzugehörigkeit der Durchführenden bewusst gemacht werden sollte. So ist es möglich, dass die Lehrkraft den Teilnehmenden bereits vor dem Workshop berichtet, dass die Durchführenden LSBTI sind. Die Durchführenden könnten dies den Teilnehmenden jedoch auch erst während oder gegen Ende des Workshops berichten. Ein späterer Bericht kann den Vorteil haben, dass der erste Eindruck, den die Teilnehmenden von den Durchführenden gewinnen, nicht bereits durch negative Stereotype beeinflusst wird.

Fragestellung: Welchen Einfluss hat die Typizität (Stereotypkonsistenz) der Durchführenden auf die Wirksamkeit der Workshops?

Die wahrgenommene Typizität der Durchführenden ist umso höher, je mehr diese den Stereotypen der Teilnehmenden entsprechen. Auch indem die Durchführenden über andere LSBTI berichten, die ihnen ähnlich sind, z. B. ähnliche Interessen haben, kann ihre Typizität vermutlich erhöht werden, da dadurch deutlich wird, dass sie keine ungewöhnlichen LSBTI sind. Die Frage ist, ob sich Einstellungen und Verhalten gegenüber LSBTI eher dann verbessern, wenn die Durchführenden von den Teilnehmenden als typische oder als untypische LSBTI wahrgenommen werden.

Einerseits können untypische Mitglieder als Ausreißer wahrgenommen werden, die wenig Aussagekraft in Hinblick auf ihre Gruppe haben. Wie sie bewertet werden, hat dann vergleichbar zur Hypothese 1. wenig Einfluss auf das Urteil über die gesamte Gruppe (Vonofakou et al., 2007; Wilder, 1984). Andererseits können untypische Mitglieder Stereotype gegenüber LSBTI reduzieren und, wenn es sich um negative Stereotype handelt, Einstellungen und Verhalten gegenüber LSBTI verbessern. Die Wirkung der Typizität bleibt daher eine offene Frage (die auch bei den Durchführenden selbst umstritten ist, siehe Abschnitt 1.5). Ihre Beantwortung durch die Evaluation ist daher umso relevanter für die weitere Verbesserung der Arbeit der Projekte

Hypothese 2: Je weniger die Teilnehmenden fürchten, aufgrund ihrer Stereotype oder Vorurteile negativ bewertet zu werden, desto mehr verbessern die Workshops Einstellungen und Verhalten.

Wie mit den Stereotypen der Teilnehmenden umgegangen werden soll, wird von den Durchführenden durchaus kontrovers beurteilt (siehe Abschnitt 1.5). Auch wenn Intergruppenkontakt meist Vorurteile reduziert, so gibt es doch Prozesse, die diesen Effekt beeinträchtigen können. Einer dieser Prozesse wurde ausgiebig durch Vorauer (2013) untersucht und kommt vor allem dann in Gang, wenn Personen mit Mitgliedern einer Fremdgruppe Kontakt haben, die in der Gesellschaft benachteiligt ist (z. B. durch rechtliche Benachteiligungen von LSBTI). Wenn die Personen die Benachteiligung der Fremdgruppe als ungerechtfertigt betrachten, schreiben sie deren Mitgliedern den Status von Expert_innen für Moralität zu. Die Fremdgruppenmitglieder (z. B. die Durchführenden der Workshops) erhalten die Legitimation zu entscheiden, ob das eigene Verhalten Stereotype verrät oder gar diskriminierend war. Die Vermutung, vom Gegenüber moralisch bewertet zu werden, kann dazu führen, dass die Personen sich in der Interaktion besonders kontrollieren, um nicht vorurteilsbehaftet zu erscheinen. Darüber hinaus widmen sie allen Signalen der Fremdgruppenmitglieder, die eine Bewertung der eigenen Person beinhalten könnten, besondere Aufmerksamkeit. Da diese Signale oft mehrdeutig sind, ziehen sie zur Interpretation *Metastereotype* heran, d. h. Vermutungen darüber, welches Stereotyp das Fremdgruppenmitglied gegenüber der eigenen Gruppe hat. Beinhaltet dieses Stereotyp, dass die eigene Gruppe vorurteilsbehaftet sei (z. B. »homophobe Jungen mit Migrationshintergrund«), werden mehrdeutige Signale des Gruppenmitglieds als Bestätigung der eigenen Vermutungen betrachtet und es wird eine negative Bewertung der eigenen Person auch dann wahrgenommen, wenn sie vom Gegenüber nicht beabsichtigt war. Der Kontakt wird daher als unangenehm bewertet, die Fremdgruppenmitglieder werden abgewertet und es kommt zur Vermeidung zukünftigen Kontakts mit ihnen.

Ein weiterer gut untersuchter Prozess ist der *Rebound-Effekt* (Macrae, et al., 1994): Menschen sind zwar in der Lage, ihre Stereotype zu unterdrücken, z. B. während des Kontakts zu einem Fremdgruppenmitglied. Da die Stereotype für diese Unterdrückung aber permanent kognitiv aktiviert werden müssen, treten sie nach der Unterdrückung umso stärker zutage.

Diese Prozesse erklären, warum die Maxime der *Farbenblindheit* (»Unter der Oberfläche sind wir alle gleich«) manchmal Vorurteile verstärkt (Correll et al., 2008; Vorauer & Sasaki, 2009) und die Aufforderung, während eines Kontaktes die Perspektive eines Fremdgruppenmitglieds einzunehmen, später zu seiner Abwertung führen kann (Vorauer & Sasaki, 2009). Diese Maximen führen zu einem stärkeren Fokus auf die eigene Person bzw. auf die Korrektheit des eigenen Erlebens und Verhaltens aus der Perspektive des Gegenübers und verstärken daher die Sorge negativ bewertet zu werden. Auch ohne Kontakt kann die Motivation, Vorurteile zu vermeiden, um nicht sozial geächtet zu werden, Vorurteile verstärken (Legault et al., 2011).

Aus diesen Forschungsergebnissen kann abgeleitet werden, dass alle Faktoren, die die Teilnehmenden von der Befürchtung entlasten, von den Durchführenden oder den anderen Teilnehmenden negativ bewertet zu werden, die Wirksamkeit der Workshops verstärkt. Bewertungssorgen können reduziert werden, indem die Durchführenden folgende Botschaften vermitteln: »Vorurteile sind normal. Wir alle haben Vorurteile«; »Stereotype sind nicht immer falsch. Aber die meisten Menschen möchten nicht aufgrund eines Stereotyps, sondern als Individuum beurteilt werden«; »Wir glauben euch, dass ihr nicht diskriminieren wollt (sondern es unbeabsichtigt tut)«. Sie können ebenfalls reduziert werden durch die Aufforderung, möglichst viel über die Durchführenden und die Gruppe der LSBTI zu lernen, da diese Aufforderung den Selbstfokus reduziert (Sasaki & Vorauer, 2010). Wenn die Durchführenden hingegen die Stereotype der Teilnehmenden als falsch bezeichnen und betonen, dass es keine oder kaum Unterschiede zwischen LSBTI und cisgeschlechtlichen heterosexuellen Menschen gibt, könnte dies die Bewertungssorgen der Teilnehmenden verstärken und ihre Motivation erhöhen, ihre Stereotype zu rechtfertigen.

Hypothese 3: Je mehr die Workshops durch die pädagogischen Einrichtungen und Fachkräfte unterstützt werden, desto mehr verbessern sie Einstellungen und Verhalten.

Zahlreiche Studien zeigen, dass Kontakt Vorurteile umso stärker abbaut, je mehr er durch Institutionen und andere Autoritäten unterstützt wird (Pettigrew & Tropp, 2006). Es kann also auch für die Aufklärungsworkshops erwartet werden, dass eine sichtbare Unterstützung durch Lehrkräfte, pädagogische Fachkräfte, Leitung und die zuständigen Behörden ihre Wirkung verstärkt. Mögliche Beispiele für die Unterstützung durch die Einrichtungen sind, dass die pädagogischen Fachkräfte die Workshops mit den Jugendlichen vor- und nachbesprechen oder dass die Einrichtung regelmäßig entsprechende Workshops durchführt und das den Jugendlichen auch bekannt ist. Darüber hinaus kann die Leitung die Wirkung verstärken, indem sie sich positiv über die Workshops oder zumindest allgemein über Vielfalt und Antidiskriminierung äußert. Die Rahmenrichtlinien des entsprechenden Bundeslandes können den Effekt steigern, indem sie eine solche Einladung bzw. die Thematisierung sexueller und geschlechtlicher Vielfalt in der Schule vorsehen.

Hypothese 4: Die Workshops wirken nicht nur positiv auf Einstellungen und Verhalten gegenüber LSBTI, sondern führen darüber hinaus zu generell mehr Wertschätzung von Vielfalt und Gleichberechtigung sozialer Gruppen.

Aktuelle Ergebnisse der Vorurteilsforschung zeigen, dass Kontakt nicht nur die Einstellungen gegenüber der kontaktierten Gruppe, sondern darüber hinaus auch gegenüber anderen Fremdgruppen verbessert (Hodson et al., 2013). Zudem kann Kontakt zu einer Fremdgruppe die *soziale Dominanzorientierung* reduzieren (Dhont et al., 2014), also dazu beitragen, dass soziale Gruppen generell weniger hierarchisierend und dafür eher als gleichberechtigt betrachtet werden. Auch die Durchführenden verfolgen mit ihren Workshops das Ziel, dass die Jugendlichen einer Gleichbehandlung sozialer Gruppen (auch über LSBTI hinaus) generell stärker zustimmen (siehe Abschnittt 1.3), also gruppenbezogene Menschenfeindlichkeit abgebaut wird. Die Evaluation soll die Erfüllung dieses Zieles daher mit überprüfen.

2.3 Wie soll die Evaluation durchgeführt werden?

Insgesamt sollen 300 Schulklassen zu je drei Zeitpunkten befragt werden. Bei 260 Klassen soll zwischen dem ersten und dem zweiten Zeitpunkt ein Workshop stattfinden (Versuchsgruppe[12]), bei 40 nicht (Kontrollgruppe).

Qualitativ oder quantitativ?

Während die ersten Schritte der Bestandsaufnahme mit qualitativen Methoden durchgeführt wurden, soll die Evaluation vor allem quantitativ stattfinden. Zwar könnte man die Jugendlichen oder Durchführenden in qualitativen Interviews

12 Als *Versuchsgruppe* bezeichnet man die Gruppe, in der eine Intervention (in diesem Fall die Aufklärungsworkshops) durchgeführt wird. Als *Kontrollgruppe* bezeichnet man die Gruppe, in der entweder keine Intervention oder eine alternative bzw. Scheinintervention (z. B. Placebobehandlung) durchgeführt wird.

fragen, wie sie den Workshop erlebt haben und welche Faktoren wie gewirkt haben. Viele Untersuchungen zeigen jedoch, dass die Fähigkeit von Menschen, Ursachen für Einstellungen oder Verhalten durch Introspektion zu identifizieren, äußerst eingeschränkt ist (Nisbett & Wilson, 1977). Nur ein Vergleich von Jugendlichen, die an den Workshops teilgenommen haben und solchen, die nicht teilgenommen haben, zu mindestens zwei Messzeitpunkten (siehe Abschnitt 2.2.3) ermöglicht es, zu untersuchen, ob Änderungen in Einstellungen und Verhalten tatsächlich durch die Workshops verursacht wurden. Die Komplexität eines Vergleichs auf mehreren Zielvariablen bei 300 Klassen setzt eine Quantifizierung dieser Variablen voraus. Zusätzlich zu diesem quantitativen Vorgehen werden die Teilnehmenden in offenen Fragen gebeten anzugeben, welche Aspekte des Workshops ihnen gefallen haben und welche nicht.

Auswahl der zu evaluierenden Projekte und Workshops

Aus allen teilnahmebereiten Projekten werden mindestens acht Projekte aus mindestens vier Bundesländern ausgewählt, sodass die Gesamtstichprobe die Grundgesamtheit aller Projekte in Deutschland hinsichtlich Region, Einwohnerzahl des Ortes und inhaltlich-methodischem Schwerpunkt angemessen repräsentiert. Bevorzugt ausgewählt werden Projekte, bei denen Fragebogen 1 zeigt, dass sich ihre Workshops in Hinblick auf die zu untersuchenden Wirkfaktoren (siehe Abschnitt 2.2) unterscheiden, beispielsweise weil in einigen Workshops Diskriminierungserfahrungen ausführlich, in anderen hingegen nur kurz oder gar nicht thematisiert werden. Um die Effekte der ausgewählten Wirkfaktoren interpretieren zu können, werden mögliche Einflüsse durch andere Faktoren (Störeinflüsse) durch Standardisierung minimiert. Daher werden nur Workshops zwischen zwei und vier Schulstunden in Schulklassen des siebten bis zehnten Jahrgangs evaluiert, die von zwei oder drei Personen durchgeführt werden, die bereits mindestens fünf Workshops durchgeführt haben und von denen mindestens eine Person während der Workshops ihre nicht-heterosexuelle Orientierung oder Trans*Identität offenbart.

Forschungsdesign: Ablauf der Untersuchung

Um die Wirkung der Workshops kausal nachweisen zu können, werden die Zielvariablen (siehe Abschnitt 2.3.5) dreimal erhoben: ein bis sieben Tage vor dem Workshop (T1), ein bis sieben Tage nach dem Workshop (T2) und drei bis fünf Monate nach dem Workshop (T3). Die gleichen Erhebungen sollen in einer Kontrollgruppe von Schulklassen, in denen keine Workshops durchgeführt wurden, zeitlich möglichst parallel stattfinden. Die Kontrollgruppe wird nach maximaler Ähnlichkeit mit der Versuchsgruppe ausgewählt. Wenn möglich, werden Klassen aus Schulen untersucht, mit denen die Projekte zu anderen Zeiten bereits zusammengearbeitet haben. Auf diese Weise können nicht nur unmittelbare Effekte der Workshops, sondern auch längerfristige Effekte untersucht werden. Um nicht nur die generelle Wirksamkeit, sondern auch einzelne Wirkfaktoren untersuchen zu können, soll (verteilt auf zwei Projektphasen) eine Stichprobe von 300 Schulklassen (davon voraussichtlich 40 in der Kontrollgruppe) befragt werden. Wie wichtig welcher Faktor für den Erfolg eines Workshops ist, wird ermittelt, indem in Mehrebenenanalysen (Ebene 1: Schüler_innen, Ebene 2: Schulklassen) die Verbesserungen auf den Zielvariablen durch die Ausprägung der Wirkfaktoren statistisch vorhergesagt werden.

Um die Teilnahmequote bei den Schüler_innen zu maximieren, sollen die Erhebungen während der Schulzeit im Klassenverband stattfinden. Selbstverständlich werden die Schüler_innen vorher über die Freiwilligkeit der Teilnahme aufgeklärt und es wird ihnen mitgeteilt, dass sie sie jederzeit abbrechen können. Um die Teilnahmequote der Klassen zu maximieren, wird die Teilnahme den Schulen bzw. Lehrkräften als Anlass vorgeschlagen, mit den Schüler_innen über Sozialforschung, Vielfalt oder Vorurteile und Diskriminierung zu sprechen. Zudem werden unter den Klassen bzw. Lehrkräften, die an allen drei Erhebungen teilgenommen haben, Preise verlost.

Erhebung der Wirkfaktoren

Um die Ausprägung der Wirkfaktoren für jeden Workshop zu erheben, werden die Durchführenden gebeten, innerhalb eines Tages nach den Workshops einen fünf- bis zehnminütigen Onlinefragebogen auszufüllen, in dem sie zu Inhalten, Methoden und Rahmenbedingungen des jeweiligen Workshops befragt werden. Zu Wirkfaktoren, die die Schüler_innen besser beurteilen können als die Durchführenden (z.B. die Nachbereitung des Workshops im Unterricht) werden die Schüler_innen zum zweiten (T2) oder dritten (T3) Messzeitpunkt befragt.

Erhebung der Zielvariablen

Existierende Evaluationen analysierten vor allem Einstellungen und nur selten das Verhalten der Teilnehmenden (Bartoş et al., 2014). In der geplanten Evaluation werden daher (auf der Basis der Ergebnisse aus Fragebogen 3, siehe Kapitel 1.3) nicht nur die Einstellungen gegenüber lesbischen, schwulen, trans*geschlechtlichen und geschlechts-nonkonformen Personen erfasst, sondern auch diskriminierendes und solidarisches Verhalten gegenüber diesen Gruppen. Darüber hinaus wird die generelle Einstellung der Schüler_innen zu Diskriminierung, Gleichbehandlung und sozialer Vielfalt erfasst. Zur Messung der Zielvariablen werden existierende Fragebögen herangezogen (z.B. Klocke, 2012), diese anhand einer Literaturrecherche ergänzt und auf der Basis einer Rückmeldung der beteiligten Projekte gegebenenfalls modifiziert. Vor ihrer Verwendung in der Evaluation werden die Fragebögen zunächst in einzelnen Schulklassen vorgetestet, um Verständlichkeit, Dauer, Faktorenstruktur[13] und Reliabilität (Messgenauigkeit) zu optimieren. Individuelle Einstellungen und Verhalten werden per Selbstbeschreibung der Schüler_innen erfasst. Um zusätzlich ein objektiveres Maß für das Verhalten zu bekommen, werden die Lehrkräfte gebeten, das Verhalten der Klasse zu beurteilen, und die Schüler_innen, das Verhalten ihrer Mitschüler_innen.

3 Zusammenfassung

Um Homo- und Trans*Phobie abzubauen, besuchen Lesben, Schwule, Bisexuelle und Trans* (LSBT) Schulklassen und Jugendgruppen, berichten aus ihrer Biografie und stellen sich den Fragen der Jugendlichen. Bei 30 von über 50 Aufklärungsprojekten in Deutschland haben wir mithilfe von Interviews, Hospitationen und Fragebögen eine Bestandsaufnahme durchgeführt. Dabei zeigte sich, dass an der Mehrheit der Projekte auch Trans* beteiligt sind und in drei von vier Workshops das Thema Trans*Geschlechtlichkeit ausführlicher thematisiert wird. Den Durchführenden ist eine Verbesserung von Einstellungen und Verhalten gegenüber Trans* genau so wichtig wie gegenüber Lesben und Schwulen. Bei einer Evaluation der Workshops wäre es den Durchführenden besonders wichtig, die Wirkung des biografischen Erzählens zu untersuchen (z.B. Berichte vom eigenen Coming-out oder von Diskriminierungserfahrungen). Fragt man die Durchführenden danach, welche Wirkungen einzelner Faktoren sie vermuten, zeigt sich die höchste Kontroversität bei der Frage, ob sexuelle und geschlechtliche Identität als selbstbestimmt wählbar dargestellt werden sollten oder nicht. In einer Evaluation soll die Wirkung dieser und anderer Faktoren untersucht wer-

13 *Faktorenstruktur* bedeutet, welche inhaltlichen Dimensionen (Faktoren) sich in den Items (Fragen) eines Fragebogens wiederfinden, aus denen anschließend durch Mittelung der Items Fragebogenskalen gebildet werden können.

den und wie sehr die Workshops Homo- und Trans*Phobie abbauen und die Wertschätzung von Vielfalt und Gleichbehandlung erhöhen. Dazu sollen 300 Schulklassen (davon 40 in einer Kontrollgruppe ohne Workshop) je dreimal zu ihren Einstellungen und ihrem Verhalten befragt werden: einige Tage vor, einige Tage nach und drei bis fünf Monate nach den Workshops. Die Ergebnisse sollen eine Optimierung der Workshops ermöglichen, indem relevante Wirkfaktoren identifiziert werden. Beispielsweise kann geklärt werden, ob die Workshops Vorurteile stärker abbauen, wenn Diskriminierung von LSBTI thematisiert wird, und ob es einen Unterschied macht, ob dabei der Schwerpunkt auf eigene Erfahrungen der Durchführenden gelegt wird oder das Thema auf einer allgemeineren Ebene besprochen wird. Zudem können Hinweise dazu gewonnen werden, wie mit existierenden Stereotypen der Jugendlichen umgegangen werden soll.

Literatur

Allport, G.W. (1954). *The nature of prejudice*. Oxford: Addison-Wesley.

Anglowski, D.C. (2000). *Homosexualität im Schulunterricht: Evaluation eines Lambda-Aufklärungsprojekts unter einstellungstheoretischer Perspektive*. Marburg: Tectum Verlag.

Antwerpen, L.L. (2014). *Das LGBTTQQIAPPO+ Alphabet. Schulaufklärung zu sexueller und geschlechtlicher Vielfalt: Projektziele und evaluationsrelevante Forschungsfragen*. Unveröffentlichte Bachelorarbeit, Humboldt-Universität zu Berlin.

Bartoş, S.E., Berger, I. & Hegarty, P. (2014). Interventions to reduce sexual prejudice: A study-space analysis and meta-analytic review. *Journal of Sex Research, 51*(4), 363–382.

Burton, C.M., Marshal, M.P., Chisolm, D.J., Sucato, G.S. & Friedman, M.S. (2013). Sexual minority-related victimization as a mediator of mental health disparities in sexual minority youth: A longitudinal analysis. *Journal of Youth and Adolescence, 42*, 394–402.

Clark, T.C., Lucassen, M.F.G., Bullen, P., Denny, S.J., Fleming, T.M., Robinson, E.M. et al. (2014). The health and well-being of transgender high school students: Results from the New Zealand Adolescent Health Survey (Youth' 12). *Journal of Adolescent Health, 55*, 93–99.

Correll, J., Park, B. & Smith, J.A. (2008). Colorblind and multicultural prejudice reduction strategies in high-conflict situations. *Group Processes & Intergroup Relations, 11*(4), 471–491.

Dhont, K., Van Hiel, A. & Hewstone, M. (2014). Changing the ideological roots of prejudice: Longitudinal effects of ethnic intergroup contact on social dominance orientation. *Group Processes & Intergroup Relations, 17*(1), 27–44.

Hodson, G., Hewstone, M. & Swart, H. (2013). Advances in intergroup contact: Epilogue and future directions. In G. Hodson & M. Hewstone (Hrsg.), *Advances in intergroup contact* (S. 262–305). New York, NY: Psychology Press.

Klocke, U. (2012). *Akzeptanz sexueller Vielfalt an Berliner Schulen: Eine Befragung zu Verhalten, Einstellungen und Wissen zu LSBT und deren Einflussvariablen*. Berlin: Senatsverwaltung für Bildung, Jugend und Wissenschaft. http://www.psychologie.hu-berlin.de/prof/org/download/klocke2012_1 (am 26.08.2016).

Klocke, U. (2016). Einstellungen, Wissen und Verhalten gegenüber Trans*- und geschlechtsnonkonformen Personen. In A. Naß, S. Rentzsch, J. Rödenbeck & M. Deinbeck (Hrsg.),

Geschlechtliche Vielfalt (er)leben. Trans*- und Intergeschlechtlichkeit in Kindheit, Adoleszenz und jungem Erwachsenenalter (S. 41–56). Gießen: Psychosozial-Verlag.

Klocke, U. & Spielberg, R. (2009). Evaluation des Modellprojekts »Community Gaymes« im Programm »Soziale Stadt« im Auftrag der Senatsverwaltung für Stadtentwicklung, Berlin (Abschlussbericht). Unveröffentlichtes Manuskript, Berlin.

Lang, A., Reipen, M. & Heinrich, T. (2007). *Evaluation des Projektes Power UP – Förderung eines angemessenen Umgangs mit Jugendlichen auf der Suche nach ihrer sexuellen Orientierung.* PLUS – Psychologische Lesben- und Schwulenberatung Rhein-Neckar e.V. Mannheim.

Legault, L., Gutsell, J.N. & Inzlicht, M. (2011). Ironic effects of antiprejudice messages: How motivational interventions can reduce (but also increase) prejudice. *Psychological Science, 22*(12), 1472–1477.

Lemmer, G. & Wagner, U. (2015). Can we really reduce ethnic prejudice outside the lab? A meta-analysis of direct and indirect contact interventions. *European Journal of Social Psychology, 45*(2), 152–168.

Macrae, C.N., Bodenhausen, G.V., Milne, A.B. & Jetten, J. (1994). Out of mind but back in sight: Stereotypes on the rebound. *Journal of Personality and Social Psychology, 67*, 808–817.

Navarra, K. (2006). *Abbau von Vorurteilen bei Adoleszenten am Beispiel der stigmatisierten Gruppe der Homosexuellen – Evaluation des Schulprojektes ABQ.* Lizenziatsarbeit. Universität Bern, Philosophisch-humanwissenschaftliche Fakultät – Institut für Psychologie. Bern.

Nisbett, R.E. & Wilson, T.D. (1977). Telling more than we can know: Verbal reports on mental processes. *Psychological Review, 84*(3), 231–259.

Pettigrew, T.F. & Tropp, L.R. (2006). A meta-analytic test of intergroup contact theory. *Journal of Personality and Social Psychology, 90*, 751–783.

Plöderl, M., Sellmeier, M., Fartacek, C., Pichler, E.-M., Fartacek, R. & Kralovec, K. (2014). Explaining the Suicide Risk of Sexual Minority Individuals by contrasting the Minority Stress Model with Suicide Models. *Archives of Sexual Behavior, 43*, 1559–1570.

Salden, F. (2014). *Aufklärungsworkshops zu sexueller Vielfalt für Jugendliche – eine Bestandsaufnahme.* Unveröffentlichte Diplomarbeit, Julius-Maximilians-Universität Würzburg und Humboldt-Universität zu Berlin.

Sasaki, S.J. & Vorauer, J.D. (2010). Contagious resource depletion and anxiety? Spreading effects of evaluative concern and impression formation in dyadic social interaction. *Journal of Experimental Social Psychology, 46*(6), 1011–1016.

Scarberry, N.C., Ratcliff, C.D., Lord, C.G., Lanicek, D.L. & Desforges, D.M. (1997). Effects of individuating information on the generalization part of Allport's contact hypothesis. *Personality and Social Psychology Bulletin, 23*(12), 1291–1299.

Schack, K. (2010). *»Homosexualität – Ein Thema für die Schule«: Evaluation eines Bremer Aufklärungsprojektes.* Unveröffentlichte Diplomarbeit, Universität Bremen, Bremen.

Smith, S.J., Axelton, A.M. & Saucier, D.A. (2009). The effects of contact on sexual prejudice: A meta-analysis. *Sex Roles, 61*, 178–191.

Timmermanns, S. (2003). *Keine Angst, die beißen nicht! Evaluation schwul-lesbischer Aufklärungsprojekte in Schulen.* Aachen: Jugendnetzwerk Lambda NRW e.V.

Vonofakou, C., Hewstone, M. & Voci, A. (2007). Contact with out-group friends as a predictor of meta-attitudinal strength and accessibility of attitudes toward gay men. *Journal of Personality and Social Psychology, 92*, 804–820.

Vorauer, J.D. (2013). Getting past the self: Understanding and removing evaluative concerns as an obstacle to positive intergroup contact effects. In G. Hodson, M. Hewstone, G. Hodson & M. Hewstone (Hrsg.), *Advances in intergroup contact* (S. 23–48). New York, NY: Psychology Press.

Vorauer, J. D. & Sasaki, S. J. (2009). Helpful only in the abstract? Ironic effects of empathy in intergroup interaction. *Psychological Science, 20*(2), 191–197.

Walch, S. E., Sinkkanen, K. A., Swain, E. M., Francisco, J., Breaux, C. A. & Sjoberg, M. D. (2012). Using intergroup contact theory to reduce stigma against transgender individuals: Impact of a transgender speaker panel presentation. *Journal of Applied Social Psychology, 42*(10), 2583–2605.

Wiedmer, M. (2009). *»Das sieht man ihnen ja gar nicht an«! Einstellungsveränderung gegenüber Schwulen und Lesben aufgrund einer schulbasierten Intervention.* Unveröffentlichte Lizentiatsarbeit, Universität Bern, Bern.

Wilder, D. A. (1984). Intergroup contact: The typical member and the exception to the rule. *Journal of Experimental Social Psychology, 20*(2), 177–194.

Die Bedeutung des Geschlechts im Recht

Eike Richter & Emily Laing

Einleitung

Der folgende Beitrag richtet sich auf die Frage nach der Bedeutung des Geschlechts oder des Geschlechtlichen in den Vorschriften des Rechts. Dabei geht er auch auf Fragen der Anwendung und Interpretation geltenden Rechts ein. Im Mittelpunkt stehen aber die Gestaltung des Rechts und insbesondere der Gesetze und damit die Perspektive der Gesetzgeber in Bund und Ländern und der sie jeweils vorbereitenden Ministerialverwaltungen. Welche grundsätzlichen Möglichkeiten und Strategien im Umgang mit Geschlecht oder dem Geschlechtlichen stehen offen, wenn Gesetze und andere rechtliche Vorschriften neu gestaltet werden? Wie sind diese Möglichkeiten gleichstellungs- und rechtspolitisch zu bewerten? Zur Beantwortung dieser Fragen bezieht der Beitrag auch den Kontext ein, der die rechtssetzenden, insbesondere gesetzgeberischen Verfahren prägt.

Zusammenfassend kommt der Beitrag zu dem Ergebnis, dass die Frage, ob und inwieweit das Recht auf das Geschlecht verzichten kann, nur in einem weiten Rahmen verfassungsrechtlich und damit juristisch angeleitet ist. Aus der Verfassung, insbesondere den Grundrechten, lassen sich nur bedingt Vorgaben an den Gesetzgeber ableiten, ob und inwieweit er dem Geschlecht keine Relevanz zuschreiben darf – oder auch umgekehrt: Relevanz zuschreiben muss. Aufgrund dieser grundsätzlich weiten verfassungsrechtlichen Grenzen findet die Frage, welche Relevanz das Geschlecht im Recht haben sollte, ihre Antwort in allererster Linie in der gesetzgeberischen Einschätzung und damit im demokratischen Diskurs. Als grundlegende Herausforderung erweist sich dabei, dass die Gesetzes- und Rechtsordnung zum großen Teil (und selten hinterfragt) auf einem binären, adynamischen Geschlechterverständnis aufbaut, das vor dem Hintergrund der Ausdifferenzierung und Variabilität des Geschlechterbegriffs durch die medizinischen, psychologischen und soziologischen Wissenschaften unterkomplex erscheint.

Im Umgang mit dieser inhaltlich-strukturellen Herausforderung eröffnen sich vor allem zwei Lösungsstrategien: zum einen den Erhalt oder auch die Erhöhung der Relevanz des Geschlechts im Recht, zum anderen einen Prozess der ›Entgeschlechtlichung‹ des Rechts, also eine Reduktion der Relevanz von Geschlecht in Gesetzen und Vorschriften.[1] Die Verwendung von geschlechtlichen Begriffen und damit die Erhaltung oder sogar die Erhöhung der Relevanz des Geschlechtlichen im Recht findet ihre Legitimität in der Beseitigung von Nachteilen einzelner Geschlechter. Hiermit geht jedoch stets die Gefahr von Benachteiligungen anderer Geschlechter einher, zumal es zweifelhaft erscheint, ob die von den Sexualwissenschaften erkannte Ausdifferenzierung und Variabilisierung des Geschlechts durch die Rechtsordnung nachvollzogen werden kann, ohne die Leistungskraft rechtlicher Regulierung zu übersteigen. Ein Anknüpfen an das bzw. an ein bestimmtes Geschlecht erscheint demnach vor allem dann angezeigt, wenn und solange ein Lebensbereich eine gravierende Unausgewogenheit der Geschlechterverhältnisse aufweist und die in ihm waltenden Strukturen und Kräfte aus sich heraus nicht in der Lage sind, diese Unausgewogenheit auszugleichen. In allen anderen Fällen erscheint es tendenziell und auch langfristig rechtspolitisch angemessener, die Relevanz von Geschlecht im Recht zu senken. Dazu bedarf es allerdings im Vorhinein eines verständigen Umgangs mit Interessengruppen im demokratischen Diskurs. Jeder Versuch der Entgeschlechtlichung des Rechts trifft zudem regelmäßig auf die rechtsgestalterische Herausforderung, geschlechtlich geprägte Bezeichnungen und Begriffe und die von ihnen in der rechtlichen Regulierung übernommenen Funktions- und Orientierungsleistungen konstruktiv zu kompensieren.

1 Die Frage nach der Bedeutung des Geschlechts im Recht aus einer rechtsgestalterischen Perspektive

Alle aktuellen Fragen und Streitpunkte dazu, wie das geltende Recht etwa mit trans*geschlechtlichen Menschen umgeht und ob es hierbei gerecht ist, münden – freilich auf einer abstrakten Ebene – in der Frage nach der Bedeutung des Geschlechts im Recht. Beispiele hierfür sind etwa Fragen zu den rechtlichen Anfor-

1 In jüngerer Zeit steht die Bezeichnung ›postgender‹ für eine Forderung, nach der Geschlechterkategorien im Recht und darüber hinaus auch im sozialen Leben überhaupt keine Rolle mehr spielen sollen (vgl. Deutscher Ethikrat, 2012, S. 30; Sieberichs, 2013, S. 1180).

derungen an den Wechsel des geschlechtlichen Personenstandes, zu rechtlichen Vorgaben zur Berücksichtigung von Geschlechtereinteilungen bei der Gestaltung von Sportanlagen oder anderen Einrichtungen oder auch zur Erstattung von Kosten für geschlechtsangleichende Maßnahmen. Die grundsätzliche Frage nach der Bedeutung des Geschlechtlichen im Recht stellt sich jedoch nicht nur in Hinblick auf trans*geschlechtliche Menschen. Letztlich stellt sie sich auch aus den Perspektiven anderer Geschlechterpolitiken, wie etwa der tradierten Frauenförderung oder in Hinblick auf intergeschlechtliche Menschen: Stets lässt sich die Frage stellen, welche Bedeutung das Geschlecht im Recht hat und haben sollte. Sie liegt letztlich rechtspolitisch umstrittenen Themen zugrunde, wie etwa dem Macht- und Verteilungsverhältnis von Frauen und Männern in Aufsichtsräten und anderen Gremien oder auch der Festlegung von Geschlechterkategorien im Personenstandsrecht vor dem Hintergrund eines zunehmend ausdifferenzierten und variabilisierten Geschlechterbegriffes.

In all diesen Rechtsfragen und Beispielen kann ganz grundsätzlich gefragt werden, warum das Recht nicht so gestaltet sein kann, dass es dem Geschlecht indifferent gegenübersteht; oder selbst wenn es einen Grund für eine Anknüpfung an das Geschlecht geben sollte, warum das geltende Recht dabei auf die derzeitige und nicht auf eine andere Weise verfährt.

Die Frage, welche Bedeutung das Geschlecht oder das Geschlechtliche im Recht hat und haben sollte, ist durch den immer komplexer werdenden Geschlechterbegriff in den medizinischen, psychologischen und sozialen Wissenschaften noch einmal virulenter geworden. Der Gesetzgeber ist besonders gefordert, eine Antwort darauf zu suchen, welche Relevanz das Geschlecht in Gesetz und Recht haben soll oder kann. Einerseits erscheint die Anknüpfung des Rechts an das Geschlecht als Notwendigkeit, um Geschlechtergerechtigkeit zu gewährleisten und Ungleichheitsstrukturen aktiv entgegenzuwirken. Andererseits und mithin gleichzeitig wohnt jeder Anknüpfung die Gefahr inne, Menschen nur wegen ihres Geschlechts und damit ohne sachlichen Grund ungleich zu behandeln. Es bleibt vor diesem Hintergrund also zu fragen, ob oder inwieweit das Geschlecht in den Gesetzen der einzelnen Lebens- und Gesellschaftsbereiche als regulatives Kriterium verzichtbar ist oder womöglich gerade nicht.

1.1 Geschlecht im geltenden Recht *(de lege lata)*

Führt man diesen ersten Blick in die geltende Rechts- und Gesetzesordnung weiter, zeigen sich ganz unterschiedliche Herangehensweisen an den Umgang mit Geschlecht.

In vielen Gesetzen, die ursprünglich (historisch) am Geschlecht anknüpften, erscheint es heute selbstverständlich, dass dem Geschlecht keine rechtliche Bedeutung mehr zugemessen wird, das Recht seine Folgen (z. B. Verbote, Gebote, Leistungen, Teilhabe) also nicht mehr vom Geschlecht abhängig macht. Die Überwindung solcher Anknüpfungen ist vor allem das Ergebnis und der Erfolg der Frauen- und Gleichstellungsbewegung im letzten Jahrhundert, die sich um die gerechte und geschlechteroffene Teilhabe von Frauen bemühte. So schrieb das Reichswahlgesetz in der Fassung von 1919 nur Männern das Wahlrecht zu. Heute knüpfen die §§ 12, 13 Bundeswahlgesetz das aktive Wahlrecht in Hinblick auf persönliche Eigenschaften nur an ein Mindestalter.

Es lassen sich aber auch Gesetze finden, die nicht nur früher, sondern noch heute an Geschlechtlichkeit oder sogar an ein bestimmtes Geschlecht anknüpfen. Zum Beispiel werden im Mutterschutzgesetz (MuSchG) gemäß § 1 vom Anwendungsbereich des Gesetzes von vornherein nur »Frauen und weibliche Beschäftigte« erfasst. Im Strafvollzugsrecht sind gemäß § 98 Absatz 3 des Gesetzes über den Vollzug der Freiheitsstrafe (Hamburgisches Strafvollzugsgesetz – HmbStVollzG) »Frauen und Männer in getrennten Anstalten oder Abteilungen unterzubringen«. Weiter darf gemäß § 70 Absatz 1 Satz 3 HmbStVollzG »die Durchsuchung männlicher Gefangener nur von Männern, die Durchsuchung weiblicher Gefangener nur von Frauen vorgenommen werden«. Die Erwägungen hinter einer solchen Regelung sind aus einer adynamischen, abgeschlossenen Geschlechtersicht im ersten Moment ›gefühlsmäßig‹ richtig, der Gesetzgeber verhält sich hier erwartungsorientiert und einem binären Geschlechterverständnis entsprechend (welches Frauen und Männern basierend auf ihrer Geschlechtszugehörigkeit sowohl bestimmte Verhaltensweisen als auch bestimmte Bedürfnisse zuschreibt).

Schließlich lassen sich auch Gesetze identifizieren, die aus einer historisch-genalogischen Perspektive ursprünglich nicht ans Geschlecht anknüpften, heute aber das Geschlecht oder ein bestimmtes Geschlecht zum relevanten Kriterium erheben. Aktuelle Bespiele sind die Frauenquote im Gesellschaftsrecht, im sogenannten Quotengesetz[2] oder die Geschlechterquote im öffentlichen Dienstrecht: Gemäß § 5 des Hamburgischen Gesetzes zur Gleichstellung von Frauen und Männern im öffentlichen Dienst (Hamburgisches Gleichstellungsgesetz – HmbGleiG) sind

> »bei der Begründung eines Dienst-, Arbeits-, oder Ausbildungsverhältnisses, der Übertragung höherwertiger Tätigkeiten, der Übertragung eines Beförderungsdienst-

2 Gesetz für die gleichberechtigte Teilhabe von Frauen und Männern an Führungspositionen in der Privatwirtschaft und im öffentlichen Dienst, beschlossen am 6.3.2015.

postens oder der Beförderung in einem Bereich, in dem ein Geschlecht unterrepräsentiert ist, Personen dieses Geschlechts bei gleicher Eignung, Befähigung und fachlicher Leistung vorrangig zu berücksichtigen, bis die Unterrepräsentanz beseitigt ist«.

Es ist nicht überraschend festzustellen, dass die Gesetze hier von einem binären Geschlechtersystem ausgehen, also von der ausschließlichen Existenz von Mann und Frau und keinen darüber hinausgehenden Geschlechteridentitäten. Sie folgen insofern einer Idee von Frauenförderung mit dem Ziel des langfristigen Ausgleiches der Machtverhältnisse in der Gesellschaft zugunsten der Frauen.

Dabei wird aus einer sprachlichen Sicht – und Recht besteht letztlich fast ausschließlich aus sprachlichen Sätzen – deutlich, wie Aspekte des Geschlechtlichen rechtliche Bedeutung erlangen können und dass dies eine Frage der Rechtsgestaltung ist: Rechtssätze müssen regelmäßig an etwas Vorausgesetztes anknüpfen, um daran eine Folge, Anordnung oder einen Befehl zu knüpfen, wie etwas sein soll. Quotenregelungen zur Gleichstellung von Frauen und Männern wie etwa § 8 Absatz 1 Satz 1 des Gesetzes für die Gleichstellung von Frauen und Männern in der Bundesverwaltung und in den Unternehmen und Gerichten des Bundes (Bundesgleichstellungsgesetz – BGleiG)[3] setzen (regelmäßig unthematisiert und gleichsam selbstverständlich) voraus, dass Menschen sich in Frauen und Männer einteilen lassen, um darauf aufbauend festzulegen, in welchem Verhältnis von Frauen und Männern ein Gremium besetzt sein muss oder ob ein bestimmtes Geschlecht zu bevorzugen ist. Die Rechtsordnung ist auf diese Weise in den verschiedensten Lebensbereichen und in einer unüberschaubaren Masse von Rechtssätzen geschlechtlich konnotiert. Im Vergleich zu diesen Beispielen wird dann auch die – rechtstechnische und -dogmatische, aber häufig nicht als solche erkannte – Sonderrolle des Personenstandsrechts deutlich. Denn hier fungiert das Geschlecht nicht als etwas Vorgefundenes, sondern ist Gegenstand der rechtlichen Definition und in diesem Sinne selbst Gegenstand der Folgenfestlegung.

1.2 Geschlecht aus Sicht der Rechtsgestaltung *(de lege ferenda)*

Mit der Frage nach der tatsächlichen und ›richtigen‹ Bedeutung des Geschlechts ist mehr als ein wissenschaftliches bzw. analytisches Erkenntnisinteresse verbun-

3 Die Vorschrift lautet: »Sind Frauen in einem bestimmten Bereich [...] unterrepräsentiert, hat die Dienststelle sie bei der Vergabe von Ausbildungsplätzen, bei Einstellung und beruflichem Aufstieg bevorzugt zu berücksichtigen«.

den. Aus einer rechtspolitischen und -gestalterischen Perspektive ist sie Ausdruck eines allgemeinen Gerechtigkeitsinteresses und Gradmesser gesellschaftlicher Akzeptanz: Eine an das Geschlecht anknüpfende Rechtsordnung steht in Verdacht, (strukturell) zu diskriminieren, während eine geschlechtsblinde Rechtsordnung – gleichsam nicht ›weniger ungerecht‹ – als unsensibel für die tatsächlichen Geschlechterverhältnisse und als realitätsfern in Hinblick auf die Vielfalt und Variabilität der Geschlechter wahrgenommen werden kann.

Aus juristischer Sicht sind Gerechtigkeitsfragen in erster Linie Verfassungsfragen: Da die Frage, inwieweit das Recht auf das Geschlecht verzichten kann, zumindest auch eine Gerechtigkeitsfrage ist, ist sie an sich letztlich an philosophischen Maßstäben zu beantworten. Im verfassten Rechtsstaat übernimmt die Maßstabskontrolle für die Gerechtigkeit des geltenden Rechts indes grundsätzlich die Verfassung, jedenfalls als Zwischenstufe und als Leitlinie bei Wertstreitigkeiten. Die Verfassung setzt den Gesetz- und sonstigen Normgebern Grenzen, aber auch Spielräume zur Gestaltung des Rechts – und dies auch in der Frage, ob und welche Bedeutung oder Relevanz die Gesetz- und Normgeber dem Geschlecht zuweisen dürfen oder gar müssen, wenn sie die verschiedenen Lebensbereiche rechtlich regulieren. Als verfassungsrechtliche Grenzen sind die Grundrechte und hier insbesondere Artikel 3 des Grundgesetzes (GG) von Bedeutung. Vor diesem verfassungsrechtlichen Hintergrund und damit aus einer juristischen Sicht teilt sich die Frage nach der Bedeutung des Geschlechts im Recht aus einer rechtsgestalterischen Perspektive in drei Teilfragen auf:

1. Inwieweit muss das Recht auf das Geschlecht verzichten? Dies ist eine verfassungsrechtliche Frage. Sie richtet sich insbesondere auf Artikel 3 Absatz 1 GG, den allgemeinen Gleichheitssatz, welcher Gleichheit (und damit Nichtbeachtung von persönlichen Merkmalen) und Gleichbehandlung vor dem Gesetz voraussetzt (dazu nachfolgend 2.1).
2. Inwieweit darf das Recht nicht auf das Geschlecht verzichten bzw. muss das Recht sogar am Geschlecht anknüpfen? Hier ist das Augenmerk insbesondere auf Artikel 3 Absatz 2 Satz 2 GG gerichtet, welcher eben an das Geschlecht anknüpft und auf diesem Wege die Beseitigung tatsächlicher Nachteile als Zielbestimmung grundgesetzlich festschreibt (dazu 2.2).
3. Soweit dann noch Spielraum verbleibt, ist die rechtspolitische und rechtsgestalterische Frage zu stellen, inwieweit das Recht auf das Geschlecht verzichten sollte (dazu 3).

Im Folgenden wird deutlich werden, dass die Verfassung den Gesetz- und Normgebern hinsichtlich der Frage, ob das Recht dem Geschlecht eine Relevanz zuweisen darf, einen beachtlichen Gestaltungsspielraum einräumt und somit gesellschaftlichen Entwicklungen gegenüber offen ist. Zentral ist damit die letzte – weniger juristische als rechtspolitische – Frage, inwieweit das Recht auf das Geschlecht verzichten sollte oder auch nicht. Anhand dieser – an sich ergebnisoffenen – Frage wird deutlich, welche Bedeutung Erkenntnisse der Sexual- und Geschlechterforschung für die Gesetze haben können. Dabei kann im vorliegenden Beitrag eine auch nur im Ansatz vollständige Analyse der bestehenden Gesetze angesichts deren Fülle nicht geleistet werden. Die folgenden Ausführungen orientieren sich an grundlegenden Erwägungen, wobei aber eine Illustration an konkreten Beispielen aus der geltenden Rechtsordnung stattfindet.

2 Verfassungsrechtliche Grenzen der Relevanz

Aus gesetzesgestalterischer Perspektive ist zunächst zu betrachten, wo das Verfassungsrecht Grenzen aufwirft, die eine Erhöhung oder Senkung der Relevanz des Geschlechtes im Recht erzwingen oder verhindern.

2.1 Zwingender Verzicht auf das Geschlecht?

Verfassungsrechtlich kommen vor allem zwei Grundrechte in Betracht, die einen Verzicht auf die Kategorie ›Geschlecht‹ im Recht zwingend erforderlich machen könnten. Diese sind das Gleichheitsgrundrecht in Artikel 3 GG in seinen verschiedenen Ausprägungen sowie das Allgemeine Persönlichkeitsrecht in Artikel 2 Absatz 1 in Verbindung mit Artikel 1 Absatz 1 GG.

2.1.1 Gleichheitsgrundrecht (Artikel 3 GG)

Der allgemeine Gleichheitssatz normiert in Artikel 3 Absatz 1 Satz 1 GG: »Alle Menschen sind vor dem Gesetz gleich«, um im folgenden Absatz 3 Satz 1 sogar im Hinblick auf das Geschlecht zu konkretisieren: »Niemand darf wegen seines Geschlechtes [...] benachteiligt oder bevorzugt werden«. Daraus ist der Grundsatz zu schließen, dass jedwede rechtliche Anknüpfung an das Geschlecht unzulässig ist (siehe etwa Krieger, 2014). Dies entspricht auch dem grundsätzlichen Verständnis des Bundesverfassungsgerichts, wonach Artikel 3 Absatz 3 Satz 1 GG ein Anknüpfungsverbot für die dortigen Merkmale darstellt (BVerfGE 107, 257 [269]). Auf der anderen Seite setzt Artikel 3 Absatz 2 GG ein Anknüpfen an das Geschlecht voraus, wenn er festschreibt: »Männer und Frauen sind gleichberechtigt. Der Staat fördert die tatsächliche Durchsetzung der Gleichberechtigung von Frauen und Männern und wirkt auf die Beseitigung bestehender Nachteile hin«. Das Grundgesetz differenziert also insoweit selbst nach »Männern« und »Frauen«, weitere Identitäten sind bislang auch in der herrschenden Interpretation des Begriffs ›Geschlecht‹ nicht vorgesehen. Auch in Rechtsprechung und -anwendung scheinen überwiegend nur zwei Geschlechter zu existieren – wobei das Bundesverfassungsgericht immerhin schon 1978 in Hinblick auf das Geschlecht feststellte, dass es auch »Anomalien geben kann« (BVerfGE 49, 286).

Man kann also von dem Grundsatz eines Verbotes der Anknüpfung ausgehen, dem jedoch bis zu einem gewissen Grad das Förderungsgebot des Artikels 3 Absatz 2 Satz 2 GG gegenübergestellt werden kann. Dieses stellt sich so als Ausnahme dar, womit eine Anknüpfung an Geschlechter zur Bekämpfung von Ungleichbehandlungen oder bei »Problemen, die ihrer Natur nach nur entweder bei Männern oder Frauen auftreten können« (BVerfGE 114, 357 [364]), zumindest nicht kategorisch ausgeschlossen ist, sondern es hierbei auf den einzelnen Bereich gesetzlicher Regulierung ankommt.

Ein Blick in die Gesetzgebungspraxis zeigt, dass die Gesetzgeber in den Ländern dem Geschlecht sogar innerhalb derselben Gesetzesmaterie unterschiedliche Relevanz einräumen, so etwa im Strafvollzugsrecht: In einigen Ländern wird die Beschränkung auf »Mutter-und-Kind-Einrichtung« für zulässig gehalten (so z. B. in Hamburg: »[...] Kind einer Gefangenen [...] [kann] in der Anstalt untergebracht werden, in der sich seine Mutter befindet [...]«, § 22 Absatz 1 HmbStVollzG). Eine geschlechterneutrale Vorgabe haben hingegen etwa der hessische und der sächsische Gesetzgeber bevorzugt (§ 74 Absatz 1 Satz 1 HStVollzG[4], § 14 Absatz 1 Satz 1 des Sächsischen Strafvollzugsgesetzes – SächsStVollzG).

2.1.2 Allgemeines Persönlichkeitsrecht (Artikel 2 Absatz 1 in Verbindung mit Artikel 1 Absatz 1 GG)

Ein verfassungsrechtlich fundiertes Verbot, dem Geschlecht eine Relevanz zuzuschreiben, könnte aus dem Allgemeinen Persönlichkeitsrecht aus Artikel 2 Absatz 1 in Verbindung mit Artikel 1 Absatz 1 GG folgen. Es ist das Freiheitsrecht der Integrität der menschlichen Person in geistig-seelischer Beziehung

4 Außer Kraft getreten am 31.12.2015.

(Murswiek, 2014). Als Teilbereich umfasst es unter anderem die Privat- und Intimsphäre, die wiederum den Sexualbereich, die Einstellung zum Geschlechtlichen und ihrer individuellen Entwicklung und das Recht auf Anerkennung der subjektiven Geschlechtszugehörigkeit enthält (bezüglich des Geschlechtslebens siehe BVerfGE 47, 46 [73]). Das Allgemeine Persönlichkeitsrecht ist jedoch nur im innersten Kernbereich absolut geschützt, wo die Integrität des Einzelnen verletzt werden könnte. Eine rechtliche Anknüpfung an Geschlecht berührt diesen innersten Kernbereich nicht in jedem Fall, sodass sich ein kategorisches Verbot der Geschlechteranknüpfung aus Artikel 2 Absatz 1 in Verbindung mit Artikel 1 Absatz 1 GG nicht per se ergeben dürfte. Das Grundrecht ist in diesem Sinne also abwägungsoffen für das ›Ob‹ und das ›Wie‹ der Relevanz von Geschlecht. Es schließt dementsprechend auch nicht kategorisch die Nutzung von Geschlechterbegriffen aus.

2.2 Zwingende Anknüpfung an das Geschlecht?

Grundsätzlich denkbar ist umgekehrt, dass die Verfassung eine Anknüpfung an das Geschlecht in bestimmten Konstellationen zwingend gebietet.

Als Anknüpfungspunkt kommt Artikel 3 Absatz 2 GG in Betracht: »Männer und Frauen sind gleichberechtigt. Der Staat fördert die tatsächliche Durchsetzung der Gleichberechtigung […]«. Letzteres ist allerdings (nur) eine sogenannte Staatszielbestimmung (Ossenbühl, 2012), die sich vor allem an den Gesetzgeber wendet, geeignete Regelungen für das Erreichen dieses Zieles zu finden, aber aus der sich keine Forderungen für *ein* bestimmtes Staatshandeln ableiten lassen. Zum Beispiel kann der Nichterlass von Quotenregelungen kaum als verfassungswidrig bezeichnet werden.

Auf der anderen Seite könnte man argumentieren, dass der Auftrag aus Artikel 3 Absatz 2 Satz 2 GG, auf die tatsächliche Durchsetzung der Gleichberechtigung von Frauen und Männern und auf die Beseitigung bestehender Nachteile hinzuwirken, unausführbar wäre und gleichsam bedeutungsleer würde, wenn der Gesetzgeber nicht zwischen Frauen und Männern unterscheiden würde (Froese, 2015, S. 607). Ähnlich lässt sich in Hinblick auf den Schutz der Ehe nach Artikel 6 GG argumentieren: Wenn das Geschlecht keine Kategorie mehr darstellt (eben weil das einfache Gesetz an keine geschlechtlichen Kategorien mehr anknüpft), könnte auch keine binäre Verschiedengeschlechtlichkeit festgestellt werden. Dies wiederum würde bei der Ehe im Sinne von Artikel 6 GG von Bedeutung sein, sofern man die Verschiedengeschlechtlichkeit als begriffsbildendes Merkmal der Ehe ansieht (vgl. BVerfGE 105, 313 [345]; offener EGMR, S. 1423). Eine Ehe im Sinne des Artikels 6 GG könnte dann niemand mehr eingehen, weil Verschiedengeschlechtlichkeit nicht mehr positiv festgestellt werden könnte (Froese, 2015, S. 606). In der Folge sähe das Grundgesetz zwar eine auf geschlechtlichen Kategorien aufbauende Ehe und deren Schutz vor; dieses Statut liefe aber leer, weil der Gesetzgeber nicht die notwendigen Voraussetzungen – sprich: die gesetzlichen Grundlagen – dafür geschaffen hätte, damit das Statut auch ausgefüllt werden kann, das heißt Ehen geschlossen werden können.

Ob aus der dargelegten Relevanz des Geschlechtlichen im Grundgesetz – insbesondere der Unterscheidung von Frauen und Männern für die Funktionsweise von Artikel 3 Absatz 2 GG und von Artikel 6 GG (man könnte auch noch Artikel 12a GG hinzunehmen, dazu Froese, ebd., S. 608f.) – auf eine generelle Pflicht des Gesetzgebers zur Anknüpfung an das Geschlecht oder sogar an die Unterscheidung von Frauen und Männern geschlossen werden kann, erscheint allerdings zweifelhaft. Denn zunächst ist nur zu konstatieren, dass die Verfassung zwar die genannten Rechte- und Schutzpositionen statuiert hat, diese aber zur Ausfüllung dem Gesetzgeber überantwortet hat. Als Institutsgarantie gewährleistet Artikel 6 Absatz 1 GG zwar den Bestand des Rechtsinstituts ›Ehe‹ dann insoweit, als die bestimmenden Strukturprinzipien dem Zugriff des Gesetzgebers, insbesondere der Aufhebung oder wesentlichen Umgestaltung, entzogen sind (BVerfGE 80, 81 [92]); aber selbst wenn man die Verschiedengeschlechtlichkeit der Ehe als ein solches Strukturprinzip ansähe (anders wohl BVerfGE 105, 313 [344]; dafür wiederum Sondervotum Papier in BVerfGE 105, 313 [344ff.]), könnte daraus doch zunächst nur gefolgert werden, dass der Gesetzgeber, *wenn* er im einschlägigen Lebensbereich Regelungen trifft, nicht von dem ehelichen Strukturprinzip der Verschiedengeschlechtlichkeit abweichen darf. Dann dürfte aber umgekehrt eine Anknüpfungspflicht des Gesetzgebers auch nur so weit reichen, als eine Anknüpfung an das Geschlecht bzw. die Unterscheidung von Frauen und Männern notwendig ist, um Eheschließungen im Sinne von Artikel 6 GG und um – soweit man dies auf Artikel 12a GG übertragen mag – die Wehr- und Ersatzdienstpflicht zu regeln. Von einer generellen Anknüpfungspflicht könnte dann aber nicht gesprochen werden. Sieht man hingegen die Verschiedengeschlechtlichkeit von vornherein nicht als bestimmendes Strukturprinzip der Institutsgarantie des Artikel 6 Absatz 1 GG, also vom verfassungsrechtlichen Begriff der Ehe als umfasst an, dann scheidet diese Vorschrift als Quelle einer verfassungsrechtlichen Anknüpfungspflicht für den Gesetzgeber ohnehin aus. Denn dann obläge es bereits dem Gesetzgeber zu bestimmen, ob die Ehe geschlechtlich geprägt ist oder nicht.

Ähnlich würde bei Artikel 3 Absatz 2 GG eine Anknüpfungspflicht nur so weit reichen, wie es für die Ermöglichung von Nachteilsausgleichen unabdingbar wäre. Als Staatszielbestimmung eröffnet die Vorschrift dem Gesetzgeber weite Spielräume. Es erscheint allerdings kaum denkbar, dass er zur Umsetzung der Staatszielbestimmung ohne die Verwendung von geschlechtlichen Begriffen auskommen könnte. Unter welchen Voraussetzungen er jedoch umgekehrt gehalten ist, am (zumal binären) Geschlecht anzuknüpfen, ist kaum allgemein festzustellen, sondern kann sich nur mit Blick auf den jeweils in Rede stehenden Einzelfallbereich ergeben. Insoweit dürfte es in erster Linie Sache des Gesetzgebers sein, zu bestimmen, auf welchen Wegen die Staatszielbestimmung zu erreichen und wie dabei insbesondere die geschlechtliche Ansprache zu erfolgen hat. Im jeweiligen Einzelfallbereich kann – muss dies aber nicht – in einer zwingenden Anknüpfung an (binäre) Geschlechter münden.

3 Rechtspolitische Strategien zur Ausfüllung des gesetzgeberischen Gestaltungsspielraums

Auch unter den genannten Vorbehalten eröffnet das Grundgesetz dem Gesetzgeber bei der Regulierung einzelner Lebensbereiche somit einen durchaus weiten Spielraum, ob und inwieweit er dem Geschlecht eine rechtliche Relevanz zuschreibt. Aus der rechtsgestalterischen Perspektive des Gesetzgebers kommen so grundsätzlich zwei Lösungsstrategien in Betracht: Um etwaige Benachteiligungen für ein bestimmtes Geschlecht auszugleichen, kann er dieses privilegieren (›positiv diskriminieren‹). Dazu muss er mit seinen Regelungen am Geschlecht anknüpfen, diesem folglich rechtliche Relevanz zuschreiben und den Geschlechterbegriff gegebenenfalls weiter auszudifferenzieren (dazu 3.1). Die damit einhergehende Gefahr des Festschreibens binärer oder verkürzter (wieder diskriminierender) Zustände, lenkt den Blick auf die zweite grundsätzliche Regulierungsstrategie, nämlich dem Geschlecht in den Gesetzen keine Relevanz zuzuschreiben bzw. eine vorhandene Relevanz abzubauen: Das Recht wird in Hinblick auf Geschlecht oder Geschlechtlichkeit neutral ausgerichtet und Geschlecht oder Geschlechtlichkeit bilden für das Recht keine Kriterien oder Gründe mehr (dazu 3.2).

Die somit an den Gesetzgeber gerichtete Frage, inwieweit er bei der Regulierung einzelner Lebensbereiche auf das Geschlecht verzichten sollte oder nicht, also welcher grundsätzlichen Regulierungsstrategie er folgen sollte, ist innerhalb der dargestellten verfassungsrechtlichen Grenzen keine juristische Frage, sondern eine Frage der politischen Einschätzung und Meinung. Das Verfassungsrecht zieht lediglich in prozeduraler Hinsicht weitere Grenzen, indem es den notwendigen politischen Meinungsdiskurs über die richtige Relevanz des Geschlechts im Recht den Regeln des demokratischen Rechtsstaates unterwirft. Was im Hinblick auf das ›Ob‹ und ›Wie‹ der Relevanz von Geschlecht in bestimmten gesetzlichen Regelungen als ›richtig‹ oder gerecht gilt bzw. ob eher der einen oder anderen Regulierungsstrategie zugeneigt wird, ergibt sich aus dem Zusammenspiel der demokratisch legitimierten, in ihren Befugnissen begrenzten und sich gegenseitig kontrollierenden Akteure.

Logisch betrachtet stehen die beiden genannten Strategien in einem Alternativverhältnis: Entweder wird dem Geschlecht Relevanz im Gesetz zugewiesen oder eben nicht. Da allerdings die Gesetzgebungskompetenz im föderalen Staat des Grundgesetzes nicht nur in verschiedene Sachmaterien unterteilt, sondern auch zwischen Bund und Ländern aufgeteilt ist, erscheinen in der Praxis beide Alternativen als zugleich auftretende Varianten: Der Bundesgesetzgeber steigert in einem Teilbereich des Bundesrechts die Relevanz, während er sie zugleich in einem anderen Teilbereich absenkt. Oder der Gesetzgeber eines Landes steigert die Relevanz in einem Teilbereich seines Landesrechts, während der Gesetzgeber eines anderen Landes sie im selben sachlichen Landesrecht absenkt. Die Teilbereiche der Rechtsordnung entwickeln sich in diesem Sinne ungleichzeitig.

Im Folgenden sollen die beiden Regulierungsstrategien in ihren strukturellen Indikationen und Herausforderungen betrachtet werden.

3.1 Relevanzsteigerung und Ausdifferenzierung von Geschlecht

Soweit der Gesetzgeber in einzelnen Rechtsbereichen dem Geschlecht eine Relevanz zugeschrieben hat oder er dies beabsichtigt, wird dies regelmäßig von der Einsicht getragen, dass in dem jeweils regulierten Lebensbereich bestimmte Menschen tatsächlich Vor- oder Nachteile aufgrund ihres Geschlechts erfahren. Mit am Geschlecht anknüpfenden Regelungen verfolgt der Gesetzgeber dann die Intention, den jeweils benachteiligten Menschen einen Ausgleich zu verschaffen.

Dies wird deutlich an den Regelungen des Mutterschutzes. Neben Gesundheitsschutz ist es das Ziel des MuSchG, die Nachteile zu kompensieren, die durch Schwangerschaft und Geburt im Erwerbsbereich entstehen können: Risiken bezüglich Lohnausfall und Arbeitsplatzverlust sollen minimiert werden.[5] Nach

5 Dies wird vor allem in den Regelungen zum Kündigungsverbot (§ 9 MuSchG) und zum Mutterschaftsgeld während der Schutzzeiten (§§ 13f. MuSchG) deutlich.

der Vorstellung des Gesetzgebers sind dabei nur Frauen von den Nachteilen in Arbeitsverhältnissen aufgrund von Schwangerschaft und Geburt betroffen. Dementsprechend knüpft das Gesetz explizit an Geschlecht an: Gemäß § 1 MuSchG gilt das Gesetz für Frauen und weibliche Beschäftigte.

Ein weiteres Beispiel ist die Entgeltgleichheit. Geht man davon aus, dass Frauen für dieselbe Arbeitsleitung durchschnittlich sieben Prozent weniger Entgelt erhalten als ein Mann (dazu BMFSFJ, 2015, S. 19), liegt es nahe, Frauen explizit zu fördern, um Entgeltgleichheit zu erreichen. Diese Anknüpfung kann allerdings unter Umständen zulasten Einzelner gehen, die zwar der bevorteilen Geschlechtergruppe – hier also den Männern – zuzuordnen, aber individuell nicht bevorteilt sind, oder auch zulasten anderer Gruppen, die – wie etwa intergeschlechtliche Menschen – zwar ebenso benachteiligt sein können, aber schon als Gruppe nicht von der Fördermaßnahme erfasst werden. Wenn sich Nachteile aus dem Geschlecht mittelbar oder unmittelbar ergeben, erscheint es häufig schwer, auf das Anknüpfen an das Geschlecht zu verzichten, um die Ungerechtigkeit auszuräumen.

Der Gesetzgeber sieht sich dann allerdings vor die Herausforderung gestellt, dass die sexualwissenschaftliche Forschung die binäre Geschlechtereinteilung und die adynamische Zuordnung eines Menschen zu den Geschlechterkategorien mehr und mehr als unterkomplex enttarnt. In der Konsequenz liegend erscheint es daher, in den Gesetzen an das Geschlecht auch entsprechend ausdifferenziert anzuknüpfen, also in diesem Sinne die Geschlechtersensibilität der Rechtsordnung qualitativ zu erhöhen und eine ›geschlechterrealistische‹ Rechtsordnung anzustreben. So knüpft beispielweise § 116b Absatz 1 Satz 2 Ziffer 2 Buchstabe i des Sozialgesetzbuches (SGB) Fünftes Buch (V) – Gesetzliche Krankenversicherung – zur Regulierung der ambulanten spezialfachärztlichen Versorgung explizit (nebst vielen anderen Bereichen) am Transsexualismus an.

Indes bedeutet jede Ausdifferenzierung des Geschlechts im Recht in der Regel eine Zunahme der regulativen Komplexität. Die Binarität der Geschlechtereinteilung und Adynamik der Geschlechterzuordnung mögen aus sexualwissenschaftlicher Sicht unterkomplex anmuten, sind jedoch tief im kollektiven und kulturellen Bewusstsein verankert und lassen den Umgang mit dem Geschlechtlichen für viele Menschen als klar und selbstverständlich erscheinen. Auch die geltende Rechtsordnung selbst setzt in vielen, häufig auch systemprägenden Vorschriften explizit oder jedenfalls implizit die binäre Unterscheidung von Frau und Mann sowie die adynamische Einordnung des einzelnen Menschen in diese beiden Geschlechtskategorien gleichsam als unhinterfragte Prämissen voraus. Kann es vor diesem Hintergrund praktisch überhaupt gelingen, die Ausdifferenzierung und Variabilisierung des Geschlechts tatsächlich im Recht nachzuvollziehen und abzubilden? Wie würde zum Beispiel eine solche Ausdifferenzierung bei Quotenregelungen aussehen? Sind nur Frauen umfasst oder auch Männer? Nimmt man intergeschlechtliche Menschen hinzu? Die Grenzen und Zahlen der einzelnen Geschlechter sind unklar und wären in der Rechtsordnung ständig zu erneuern und zu überprüfen, wobei jedoch eine feste Einteilung einem spektralen Geschlechterverständnis widersprechen würde.

Hinzu kommt, dass jede geschlechtliche Ausdifferenzierung die Gefahr birgt, in der guten Absicht, Ungerechtigkeiten auszugleichen, neue Ungerechtigkeiten zu begründen. Dies beschrieb schon Habermas in Hinblick auf die nur auf Frauen bezogene Förderung durch Recht:

> »Jede Regel, die Benachteiligungen von Frauen auf dem Arbeitsmarkt oder am Arbeitsplatz, in der Ehe oder nach einer erfolgten Scheidung, im Hinblick auf soziale Sicherheit, Gesundheitsvorsorge, sexuelle Belästigung, Pornografie usw. ausgleichen soll, beruht auf einer Interpretation von Unterschieden geschlechtstypischer Lebenslagen und Erfahrungen. Soweit sich Gesetzgebung und Justiz dabei an tradierten Deutungsmustern orientieren, befestigt das regulative Recht die bestehenden Stereotype der Geschlechtsidentität. Mit den ›Normalisierungseffekten‹, die Gesetzgebung und Justiz auf diese Weise erzeugen, werden diese selbst zum Teil des Problems, das sie lösen sollen« (Habermas, 1992, S. 510f.).

Jede Anknüpfung an ein binäres System reproduziert genau dieses Geschlechterbild inklusive all seiner negativ-stereotypen Rollenzuschreibungen. So wurden etwa im Bereich der schulischen Bildung zunächst besondere Mädchenpädagogik-Richtlinien erlassen, um den besonderen Bedürfnissen von Mädchen Rechnung zu tragen. Später wurde erkannt, dass auch Jungen spezifische Bedürfnisse im Bildungsbereich haben, weshalb Jungenpädagogik-Richtlinien nachfolgten. Intergeschlechtliche Kinder blieben dabei in beiden Fällen gänzlich unberücksichtigt.

Diese Überlegungen sollen nicht überdecken, dass es dennoch in einigen Bereichen notwendig sein kann, das Geschlechtliche zum rechtlichen Kriterium zu machen. Dabei ist jedoch Vorsicht zu wahren, denn selbst ungleichheitsüberwindende Maßnahmen reproduzieren bestimmte Geschlechterbilder und zeichnen ein unterkomplexes Bild der Geschlechteridentitäten und der damit einhergehenden Schwierigkeiten. Ein Anknüpfen an das bzw. ein bestimmtes Geschlecht – dies zeigt die gesetzliche Frauenquote – kann so gesehen vor allem dann geboten sein, wenn ein Lebens- oder Gesellschaftsbereich eine gravierende Unausgewogenheit der Geschlechterverhältnisse aufweist und die in ihm waltenden

Strukturen und Kräfte aus sich heraus nicht in der Lage sind, diese Unausgewogenheit auszutarieren. Geschlechtlich konnotierte Regelungen irritieren dann jedenfalls den jeweiligen Lebens- und Gesellschaftsbereich in seiner geschlechtlichen Schieflage und können ihm dazu verhelfen, sich auf lange Sicht in Hinblick auf die Geschlechter neu auszutarieren. Möglicherweise verliert eine geschlechterspezifische Regulierung ihre Legitimität aber auch zu diesem Zeitpunkt, in dem sie diese Ausgewogenheit erreicht hat.

3.2 Entgeschlechtlichung des Rechts

Die zweite mögliche Lösungsstrategie für den Gesetzgeber ist eine ›Entgeschlechtlichung des Rechts‹: Der Gesetzgeber kann die Relevanz des Geschlechts in der rechtlichen Regulierung abbauen oder sogar ganz auf geschlechtliche oder geschlechtlich geprägte Begriffe verzichten. Anstatt also regelmäßig neue In- und Out-Groups zu schaffen, zielt eine Entgeschlechtlichung auf ein in geschlechtlicher Hinsicht neutrales Recht ab – eine in Hinblick auf das Kriterium Geschlecht wirklich blinde Justitia, die Menschen von vornherein und grundsätzlich nicht nach Kategorien der Geschlechtlichkeit unterscheidet und an solche Unterscheidungen rechtliche Regelungen heftet.

Der grundlegende Vorteil dieser Regelungsstrategie liegt auf der Hand, meidet sie doch von vornherein insbesondere das Dilemma der oben beschriebenen ›diskriminierenden Entdiskriminierung‹. Mit ihr verbindet sich jedoch eine andere, kaum kleinere Herausforderung, die erst sichtbar wird, wenn man einen kurzen Blick auf die Bedeutung von Sprache und von sprachlichen Begriffen und Bezeichnungen für die rechtliche Regulierung wirft: Im demokratischen Rechtsstaat fungiert das Recht – und das heißt insbesondere die Gesetze – als zentrales Instrument zur Gewährleistung, zur Verteilung und zum Ausgleich von grundrechtlich garantierten Freiheiten und Werten. Hierzu ist das Gesetz auf Sprache und dabei insbesondere auf Begriffe und Bezeichnungen angewiesen, die in ihrer Bedeutung in einem Sinne stabil sind, sodass sie von vielen Menschen als eindeutig verstanden werden. Denn erst solche Begriffe und Bezeichnungen gewährleisten, dass mit rechtlichen Festlegungen die gewünschte und rechtsstaatlich auch notwendige Klarheit erzeugt wird, dass also etwa für den Rechtsadressaten (einschließlich der rechtsanwendenden Akteure, wie etwa die Gerichte) erkennbar und vorhersehbar ist, welche Erwartungen das Recht an ihn stellt und welche Wertungen es trifft. Dementsprechend spielt die sogenannte Alltagsprache für die Formulierung von Gesetzen eine besondere Rolle (BMJV, 2008, Randnummern 54 u. 62). Sie trägt wesentlich dazu bei, den Anschluss rechtlicher Normen an die Wirklichkeit zu sichern.

Viele Begriffe und Bezeichnungen der Alltagssprache sind geschlechtlich geprägt oder konnotiert und vermitteln nicht zuletzt aufgrund dieser Prägung und Konnotation vielen Menschen eindeutige Sinngehalte. Die meisten Menschen scheinen im Alltag wie selbstverständlich davon auszugehen, dass sich alle Menschen in Frauen und Männer einteilen lassen, dass diese Zuordnung einem klaren Bild von Frauen und Männern folgt und dass die Zuordnung zudem praktisch nicht disponibel ist. Soweit nun Gesetze geschlechtliche Begriffe und Bezeichnungen verwenden, kann dies aus der Intention heraus erfolgen, das Geschlecht als solches zu regulieren. Beispiele bieten insbesondere solche Gesetze, die auf die oben dargestellte Ausdifferenzierung von Geschlecht im Recht zielen, wie etwa die Gleichstellungsgesetze im Recht des öffentlichen Dienstes. Bei vielen Gesetzen steht indes die Regulierung des Geschlechts nicht im Vordergrund. Sie bedienen sich aber – nicht selten vollkommen unreflektiert und manchmal auch erst auf den zweiten Blick erkennbar – geschlechtlich geprägter und konnotierter Begriffe und Bezeichnungen, um deren alltagssprachliche Bedeutungsstabilität rechtsfunktional zu nutzen, um andere Werte, Güter etc. zu regulieren. Auf der Suche nach den (funktional) richtigen Worten, um eine entsprechende Regulierung sprachlich eindeutig und klar zu adressieren, erscheinen dem Gesetzgeber geschlechtlich geprägte Begriffe und Bezeichnungen nicht selten attraktiv, eben weil ihr alltägliches Bedeutungsverständnis vielen Menschen beständig und eindeutig erscheint. Die bereits erwähnte tiefe kulturelle und gesellschaftliche Verankerung der binären und invariablen, wenn auch aus sexualwissenschaftlicher Sicht unterkomplex erscheinenden, Geschlechtervorstellung stellt sich aus Sicht des Gesetzgebers somit nicht nur als regulative Herausforderung, sondern zugleich – und durchaus paradox – als bedeutungsstabiler Ankerpunkt gesetzlicher Regulierung dar. So nutzt etwa das Familienrecht die alltagssprachlichen Bezeichnungen »Mutter« und »Vater«, um mit ihrer Hilfe die Verteilung von Rechten, Verantwortung und Ressourcen in der Familie zu regulieren. Dabei bestimmt § 1591 des Bürgerlichen Gesetzbuchs (BGB) beinahe selbstverständlich, dass Mutter eines Kindes die Frau ist, die es geboren hat. Dabei dürfte es dem Gesetzgeber darum gegangen sein, den Vorgang der Geburt und damit die über die Geburt statuierte Verbundenheit zweier Menschen als für die Rechte- und Pflichtenverteilung erhebliches Moment zu erklären. Die alltagssprachlich gefestigte Bezeichnung »Mutter« erschien dem Gesetzgeber gleichsam als passende ›Kurzbezeichnung‹ für die Kennzeichnung dieser Verbundenheit in der weiteren Regulierung der Familienverhältnisse. Bei der – in der Geschlechtervorstellung vieler Menschen selbstverständlich erscheinenden – Annahme, dass nur Frauen Kinder gebären, übersah er jedoch, dass auch Trans*Männer ein Kind zur Welt bringen können (Kleinhubbert, 2013).[6]

Besieht man die geltenden Gesetze, wird schnell deutlich, wie selbstverständlich sie auf geschlechtlich geprägte Begriffe und Bezeichnungen aufsetzen, die ihrerseits Ausdruck eines binären und invariablen Geschlechterverständnisses sind.[7] So spricht etwa § 15 Absatz 3 des Hamburger Sicherheits- und Ordnungsgesetzes (SOG) von »Personen des gleichen Geschlechts« oder eben der bereits erwähnte § 1591 BGB von »Mutter«. Damit wird leicht erkennbar, dass jeder Versuch, die Gesetze von diesen geschlechtlich geprägten Begriffen zu entkleiden und in diesem Sinne die Relevanz von Geschlecht im Recht abzusenken, sich vor die Herausforderung gestellt sehen muss, die mit diesen Bezeichnungen und Begriffen verbundene funktionale Orientierungsleistung zu kompensieren. Es reicht eben nicht aus, diese Bezeichnungen und Begriffe zu streichen. Um die Funktionalität rechtlicher Regulierung zu erhalten und auch um Akzeptanz für die Neuregulierung zu erhalten, ist es regelmäßig notwendig, die geschlechtlichen oder geschlechtlich geprägten Bezeichnungen sogleich konstruktiv durch funktional geeignete Begriffe und Bezeichnungen zu ersetzen. So wäre es etwa im genannten familienrechtlichen Beispiel denkbar, auf die Bezeichnung »Mutter« und seine Definition in § 1591 BGB zu verzichten und in den familienrechtlichen Vorschriften stattdessen an den entsprechenden Stellen etwa von »der gebärende Mensch, der [...]« zu sprechen. Denkbar wäre es aber auch, die Bezeichnung »Mutter« gesetzessprachlich weiter zu verwenden, die

---

6 Das Recht verwendet also nicht nur die Bezeichnung »Geschlecht« oder auch »Mann« oder »Frau«. Häufig verwendet es auch andere Bezeichnungen, die vermittelt über ›Zwischenbezeichnung‹ oder durch ein bestimmtes Begriffsverständnis eine geschlechtliche Konnotation haben. Der Begriff »Mutter« im Sinne des § 1591 BGB wird als »Frau« auslegt, die Ehe im Sinne von Artikel 6 GG meint in der verfassungsgerichtlichen Auslegung »die Vereinigung eines Mannes und einer Frau« (u. a. BVerfGE 10, 59 [66]; 49, 286 [300]; 105, 313 [324 u. 345]).

7 Wie oben ausgeführt, differenziert selbst das Grundgesetz in Artikel 3 Absatz 2 Satz 2 nach »Männern« und »Frauen« und scheint jedenfalls insoweit einen binären Geschlechterbegriff vorauszusetzen. Dies ist umso bemerkenswerter, als die Verfassung den Maßstab für den Gesetzgeber bildet (vgl. Artikel 1 Absatz 3 und 20 Absatz 3 GG sowie die Ausführungen unter 2). Auch das gleichheitsrechtliche, sprachlich geschlechterindifferent formulierte (»Geschlecht«) Anknüpfungsverbot in Artikel 3 Absätze 1 und 3 GG wird verbreitet unter Zugrundelegung eines binären, adynamischen Geschlechterverständnisses interpretiert. Die Prüfung der gleichheitsrechtlichen Verfassungsmäßigkeit von Gesetzen und Einzelakten würde sich womöglich anders darstellen, wenn man unter »Geschlecht« im Sinne von Artikel 3 Absatz 3 GG nicht nur das ›Frausein‹ oder das ›Mannsein‹ verstünde.

Bezeichnung aber entgeschlechtlicht zu definieren, indem in § 1591 BGB die Bezeichnung »Frau« etwa durch die Bezeichnung »Person« oder die Bezeichnung »Mensch« ersetzt wird.

Daneben zeigt ein anderes Beispiel, dass die Herausforderung schon häufig bei der Frage beginnt, warum eine gesetzliche Vorschrift überhaupt auf einer geschlechtlichen oder geschlechtlich geprägten Bezeichnung aufsetzt. So bestimmt der bereits genannte § 15 Absatz 3 SOG, dass Personen nur von Personen gleichen Geschlechts oder von Ärzten durchsucht werden dürfen. Eine auf den ersten Blick naheliegende Erklärung für die Geschlechtertrennung und damit für die Relevanz, die diese Norm dem Geschlechtlichen einräumt, wäre, dass so Handlungen, die als sexuelle Belästigung empfunden werden können, vorgebeugt werden soll. Diese Erklärung würde aber voraussetzen, dass man nur von Personen des jeweils anderen Geschlechtes belästigt werden kann, was wiederum die Frage aufwirft, warum es bei einer Durchsuchung durch Ärzte (Ärztinnen sind hier wohl mitgemeint) dann nicht auf das Geschlecht ankommen sollte. In der Konsequenz dieser Erklärung läge es, die gesetzliche Vorschrift weniger am Geschlecht als vielmehr an der sexuellen Orientierung anknüpfen zu lassen. Denkbar erscheint auch, dass die Vorschrift mit der Anknüpfung an das Geschlecht der Annahme Rechnung tragen wollte, dass Männer Männerkörper und Frauen Frauenkörper besser kennen, sie also dementsprechend effektiver durchsuchen können. Sollte diese Erklärung zutreffen – was auch in der Sache durchaus zu hinterfragen wäre –, müsste die Frage, wie die Vorschrift des § 15 Absatz 3 SOG unter Verzicht auf einen geschlechtlichen Anknüpfungspunkt gefasst werden könnte, anders zu beantworten sein, als wenn es darum geht, sexuellen Belästigungen vorzubeugen.

Schließlich dürfte es auch außerrechtliche Gründe geben, an der gesetzlichen Anknüpfung an das Geschlecht festzuhalten. So kommt dem Mutterbegriff über seine gesetzliche Funktion hinaus eine hohe gesellschaftliche Symbolwirkung zu. Ähnlich verhält es sich beim Begriff der Ehe, der sich nicht nur von der Frau-Mann-Beziehung auf die gleichgeschlechtliche Paarbeziehung erweitern ließe, sondern bei dem auch vollständig auf eine geschlechtliche Konnotation verzichtet werden könnte (»Beziehung zweier Menschen«). Nicht zuletzt an der nunmehr über drei Jahrzehnte währenden Diskussion zur Reform des Transsexuellen-Gesetzes (TSG) zeigt sich auch, dass es häufig in symbolträchtiger Weise um einen gerechten Umgang mit Geschlecht an und für sich geht, sodass die Frage der Entgeschlechtlichung des Rechts aus einer rechtspolitischen und gesellschaftlichen Perspektive nicht auf eine funktionale Ebene reduziert werden kann.

Literatur

Bundesgleichstellungsgesetz (BGleiG) vom 24. April 2015 (BGBl. I S. 642, 643).
Bundesministerium für Familie, Senioren, Frauen und Jugend (BMFSFJ) (2015). *Transparenz für mehr Entgeltgleichheit*,.
Bundesministerium für Justiz und Verbraucherschutz (2008). *Handbuch der Rechtsförmlichkeit.*
Bundeswahlgesetz (BWahlG), vom 23. Juli 1993 (BGBl. I, 1288, 1594), zuletzt geändert durch Artikel 9 der Verordnung vom 31. August 2015 (BGBl. I S. 1474).
Bürgerliches Gesetzbuch (BGB), vom 2. Januar 2002 (BGBl. I S. 42, 2909; 2003 I, 738), zuletzt geändert durch Artikel 1 des Gesetzes vom 11. März 2016 (BGBl. I S. 396).
Deutscher Ethikrat (2012). *Stellungnahme des deutschen Ethikrates Intersexualität*, Bundestag-Drucksache 17/9088.
Europäischer Gerichtshof für Menschenrechte (EGMR 2011). *Urteil vom 24. Juni 2010.* Neue Juristische Wochenschrift, 1421–1426.
Froese J. (2015). Männlich, weiblich oder »weder noch«? – Zur Deutungshoheit über das Geschlecht. *Archiv des öffentlichen Rechts, Band 140* (Heft 4), 598–625.
Fünftes Buch Sozialgesetzbuch – Gesetzliche Krankenversicherung (SGB V), vom 20. Dezember 1988, (BGBl. I, 2477, 2482), zuletzt geändert durch Artikel 2 Absatz 12 des Gesetzes vom 17. Februar 2016 (BGBl. I, 203).
Gesetz über den Vollzug der Freiheitsstrafe (Hamburgisches Strafvollzugsgesetz – HmbStVollzG) vom 14. Juli 2009 (HmbGVBl. 2009, 257), zuletzt geändert durch Artikel 2 des Gesetzes vom 21. Mai 2013 (HmbGVBl. S. 211, 233).
Gesetz zum Schutz der öffentlichen Sicherheit und Ordnung (SOG) vom 14. März 1966 (HmbGVBl. 1966, 77), zuletzt geändert durch Gesetz vom 2. Oktober 2015 (HmbGVBl. S. 245).
Grundgesetz für die Bundesrepublik Deutschland (GG); in der im Bundesgesetzblatt Teil III, Gliederungsnummer 100–1, veröffentlichten bereinigten Fassung, zuletzt geändert durch Artikel 1 des Gesetzes vom 23. Dezember 2014 (BGBl. I, 2438).
Habermas, J. (1992). *Faktizität und Geltung. Beiträge zur Diskurstheorie des Rechts und des demokratischen Rechtsstaates.* Frankfurt a. M.: Suhrkamp.
Hamburgisches Gesetz zur Gleichstellung von Frauen und Männern im öffentlichen Dienst (Hamburgisches Gleichstellungsgesetz – HmbGleiG) vom 2. Dezember 2014 (HmbGVBl. 2014, 495).
Hessisches Strafvollzugsgesetz (HStVollzG) vom 28. Juni 2010, Gesamtausgabe in der Gültigkeit vom 1. Juni 2013 bis 31. Dezember 2015 (GVBl. I 2010, 185).
Kleinhubbert, G. (2013). Der Gebärvater. www.spiegel.de/spiegel/print/d-111320061.html (13.3.2016).
Krieger, H. (2014), Art. 3. In B. Schmidt-Bleibtreu, H. Hofmann u. H.-G. Henneke (Hrsg.), GG *Grundgesetz Kommentar* (S. 229–256). Köln: Carl Heymanns Verlag.
Bundesverfassungsgericht, Urteil vom 29. Juli 1959 – 1 BvR 205/58 –, Mitglieder des Bundesverfassungsgerichts (Hrsg.). (1960). *Entscheidungen des Bundesverfassungsgerichts, Band 10*, 59–89. Tübingen: Mohr Siebeck.
Bundesverfassungsgericht, Beschluss vom 21. Dezember 1977 – 1 BvL 1/75, 1 BvR 147/75 –, Mitglieder des Bundesverfassungsgerichts (Hrsg.). (1978). *Entscheidungen des Bundesverfassungsgerichts, Band 47*, 46–85. Tübingen: Mohr Siebeck.
Bundesverfassungsgericht, Beschluss vom 11. Oktober 1978 – 1 BvR 16/72 –, Mitglieder des Bundesverfassungsgerichts (Hrsg.). (1979). *Entscheidungen des Bundesverfassungsgerichts, Band 49*, 286–304, Tübingen: Mohr Siebeck.

Bundesverfassungsgericht, Beschluss vom 18. April 1989 – 2 BvR 1169/84 –, Mitglieder des Bundesverfassungsgerichts (Hrsg.). (1990). *Entscheidungen des Bundesverfassungsgerichts, Band 80*, 81–95, Tübingen: Mohr Siebeck.

Bundesverfassungsgericht, Urteil vom 17. Juli 2002 – 1 BvF 1/01, 1 BvF 2/01 –, Mitglieder des Bundesverfassungsgerichts (Hrsg.). (2003). *Entscheidungen des Bundesverfassungsgerichts, Band 105*, 313–357, Tübingen: Mohr Siebeck.

Bundesverfassungsgericht, Beschluss vom 12. Februar 2003 – 2 BvR 709/99 –, Mitglieder des Bundesverfassungsgerichts (Hrsg.). (2004). *Entscheidungen des Bundesverfassungsgerichts, Band 107*, 257–275, Tübingen: Mohr Siebeck.

Bundesverfassungsgericht, Beschluss vom 25. Oktober 2005 – 2 BvR 524/01 –, Mitglieder des Bundesverfassungsgerichts (Hrsg.). (2006). *Entscheidungen des Bundesverfassungsgerichts, Band 114*, 357–371 Tübingen: Mohr Siebeck.

Murswiek, D. (2014), Artikel 2. In M. Sachs (Hrsg.), *Grundgesetz GG Kommentar* (S. 112–170). München: C.H. Beck.

Mutterschutzgesetz (MuSchG), vom 20. Juni 2002 (BGBl. I, 2318), zuletzt geändert durch Artikel 6 des Gesetzes vom 23. Oktober 2012 (BGBl. I, 2246).

Ossenbühl, F. (2012). Frauenquoten für Leitungsorgane von Privatunternehmen. *Neue Juristische Wochenschrift*, 65. Jahrgang, Heft 7, 417–421.

Sächsisches Strafvollzugsgesetz (SächsStVollzG) vom 16. Mai 2013 (SächsGVBl., 250).

Sieberichs, W. (2013). Das unbestimmte Geschlecht. *Zeitschrift für das gesamte Familienrecht*, 60. Jahrgang, Heft 15, 1180–1184.

S3-Leitlinienentwicklung »Geschlechtsdysphorie« – Gibt es eine positive Gesundheitsversorgung?

Kurt Seikowski

Einleitung

1997 erschienen die von Medizinern und Psychologen erarbeiteten und in mehreren Fachzeitschriften zu fast gleicher Zeit publizierten »Standards der Behandlung und Begutachtung Transsexueller« (Becker et al., 1997). Ziel dieser »Standards« war ein einheitliches Vorgehen bei der Betreuung Transsexueller. Drei sexuologische Gesellschaften (die Deutsche Gesellschaft für Sexualforschung – DGfS, die Gesellschaft für Sexualwissenschaft – GSW – und die damalige Akademie für Sexualmedizin – ASM) hatten im Vorfeld bemängelt, dass die Betreuung der betroffenen Personen in Deutschland relativ willkürlich erfolgte, keine einheitlichen wissenschaftlichen Standards existierten und die gängige Praxis sehr von den subjektiven Einstellungen der Behandelnden und den zuständigen Krankenkassen geprägt war.

Doch gleich nach dem Erscheinen dieser Standards gab es heftige Kritik (siehe das gesamte Heft 4 der *Zeitschrift für Sexualforschung* von 1997). Unter anderem wurde bemängelt, dass diese Standards ohne Betroffene erarbeitet wurden (Seikowski, 1997) und dass für einen längerfristigen diagnostischen Prozess ein Jahr Psychotherapie empfohlen wurde. Auch der sogenannte ›Alltagstest‹ (Auftreten in der gewünschten Rolle bereits ein Jahr vor Beginn einer möglichen gegengeschlechtlichen Hormontherapie) stand in der Kritik. Im gesamten erwähnten Themenheft wurde auch von allen ›Kritikern‹ der umständliche, nicht individualisierte Anpassungsweg an das andere Geschlecht bemängelt.

Dann kam es zu einer weiteren ›Verschärfung‹ dieser Standards durch den Medizinischen Dienst des Spitzenverbandes Bund der Krankenkassen (MDS,

2009). Dort wurde die mindestens einjährige Empfehlung für Psychotherapie zur anderthalbjährigen Pflicht erhoben, ohne zu hinterfragen, ob überhaupt eine Psychotherapie indiziert und ein solches Prozedere ethisch vertretbar ist. Des Weiteren wird dort nur Psychiatern die fachliche Kompetenz zugeschrieben, psychiatrische ›Komorbiditäten‹ auszuschließen, obwohl approbierte psychologische Psychotherapeuten die gleiche Kompetenz besitzen.

Und auch die Betroffenen wurden immer unzufriedener mit der gängigen Praxis (vgl. dazu im Überblick Hamm & Sauer, 2014). Sie beklagen unter anderem, dass ihnen zu wenig Selbstbestimmung im Anpassungsprozess gewährt wird, dass sie sich psychopathologisiert fühlen, dass der Anpassungsprozess von begleitenden Psychotherapeuten oft durch nicht nachvollziehbare lange Psychotherapien enorm verzögert wird, dass es immer wieder Probleme bei der Kostenerstattung (z.B. der Bartlaserepilation) gab. Bis heute scheint es keinen einheitlichen Leistungskatalog für die Kostenerstattung zu geben. Mittlerweile gibt es Krankenkassen, die die Kostenerstattung für alle Anpassungsschritte an das andere Geschlecht ablehnen. Sie berufen sich darauf, dass es international üblich geworden sei, Transsexualität als Normalvariante menschlichen Daseins zu betrachten und sie als Krankenkassen dementsprechend für die Betroffenen nicht mehr zuständig seien.

In der Folge häuften sich nach Ablehnungen der Kostenerstattung Gerichtsverfahren bei den Sozialgerichten, das heißt, die Betroffenen mussten sich sogar ihr Recht auf Behebung von Leidensdruck, wofür die Krankenkassen zuständig sind, einklagen.

Die Situation wurde in Deutschland immer unerträglicher, sodass 2011 die Deutsche Gesellschaft für Sexualforschung (DGfS) die Initiative übernahm, die bisherigen Standards zu überarbeiten (Strauß & Nieder, 2014). Dabei sollte eine Schwachstelle der bisherigen Standards nicht wiederholt werden: Die damaligen Standards basierten fast ausschließlich auf den klinischen Erfahrungen der beteiligten Ärzte und Psychologen. Ergebnisse wissenschaftlicher Studien wurden damals noch nicht berücksichtigt. Das sollte jetzt anders werden und lässt sich am ehesten in Form einer Leitlinie umsetzen.

1 Was ist eine Leitlinie?

Leitlinien sind in der Medizin entstanden, um bei der Betreuung und Linderung von Leidensdruck immer auf dem international erreichten Wissensstand zu sein, um den Patienten fachlich kompetent auf hohem Niveau betreuen zu können. Dementsprechend werden sie auch regelmäßig aktualisiert. Leitlinien sind nicht absolut verbindlich, gelten aber als Empfehlungen und sind im Internet bei der Arbeitsgemeinschaft der Wissenschaftlichen Medizinischen Fachgesellschaften e.V. abrufbar (www.awmf.org). Dort sind auch die verschiedenen Leitlinienarten beschrieben.

Es gibt drei Varianten von Leitlinien, die sich in Ihrer Qualität unterscheiden:

1. Bei einer S1-Leitlinie *(Handlungsempfehlungen von Expertengruppen)* setzen sich Experten zusammen, tauschen ihre klinischen Erfahrungen aus und versuchen einen Konsens für die Diagnostik und Therapie einer bestimmten Form von Leidensdruck zu finden. Diese Art der Leitlinie ist immer dann angesagt, wenn es kaum wissenschaftliche Studien zum Thema gibt.
2. Weiterführender sind die S2-Leitlinien (S2e und S2). Für die Konsensfindung sind Vertreter verschiedener Fachgesellschaften erforderlich und es werden zusätzlich zu der klinischen Erfahrung wissenschaftliche Studien zur Urteilsfindung einbezogen. Die S2k-Leitlinie wird auch als *konsensbasierte Leitlinie* bezeichnet. Es erfolgt jedoch noch keine Evidenzbewertung. Dieser Schritt der Evidenzbewertung ist jedoch bei der S2e-Leitlinie Pflicht (evidenzbasierte Leitlinie).
3. Die höchste Stufe repräsentiert die S3-Leitlinie *(evidenz- und konsensbasierte Leitlinie)*. Auch hier ist für die Konsensbildung die Anwesenheit von Vertretern zuständiger wissenschaftlicher Fachgesellschaften erforderlich. Zu allen Themen erfolgt eine Sichtung des internationalen Wissensstandes durch umfangreiche Literaturrecherchen. Ein unbedingtes Muss bei der Erarbeitung einer S3-Leitlinie ist die Einbeziehung von Betroffenen bzw. von Betroffenenverbänden.

Die Evidenzbewertung richtet sich nach der methodischen Qualität der in die Analyse einbezogenen Studien. So haben etwa Einzelfallbeschreibungen einen sehr geringen, mit Kontrollgruppen durchgeführte Studien dagegen einen hohen Evidenzgrad.

2 S3-Leitlinie »Geschlechtsdysphorie«

Um von Anfang an auf einem hohen wissenschaftlichen Stand zu sein, entschied sich die zunächst einberufene Expertenkommission für die Erarbeitung einer S3-Leitlinie. Da es sich um eine medizinische Leitlinie handelt und Transsexualität mittlerweile als Normvariante des menschlichen Daseins verstanden wird, musste noch eine Bezeichnung für diese Leitlinie gefunden werden. In dieser Hinsicht erfolgte eine Orientierung am *Diagnostic and Statistical Manual of Mental Disorders* (Version DSM-5), dem amerikanischen Klassifikationssystem für psychische Erkrankungen, das seit 2013 verwendet wird und in dem der Begriff »Transsexualität« nicht vorkommt. Stattdessen wird dort die Diagnose »Geschlechtsdysphorie« (engl.: *gender dysphoria*) verwendet – und die Wahrscheinlichkeit ist sehr groß, dass in dem für Deutschland gültigen Klassifikationssystem ICD *(International Classification of Diseases)* in der zu erwartenden elften Version (ICD-11) auch statt der bisherigen Kategorie F64.0 für »Transsexualität« die Diagnose »Geschlechtsdysphorie« erscheinen wird (Nieder & Strauß, 2014). Weiterhin erfolgte bei der Erarbeitung der neuen Leitlinie eine Orientierung an der siebten Version der international gültigen *Standards of Care* der World Professional Association of Transgender Health (WPATH; www.wpath.org) (vgl. auch Richter-Appelt & Nieder, 2014).

Bei den ersten Treffen der Expertengruppe wurden zunächst die unterschiedlichen Aspekte diskutiert. Zu Anfang ging es etwa darum, die Schwachstellen der bisherigen Standards zu identifizieren, um sie nicht zu übernehmen. Natürlich gab es zu Beginn auch sehr kontroverse Diskussionen, die aber zum Teil dadurch zustande kamen, dass es für uns als Experten in der Medizin zukünftig wichtig sein wird, genau zu trennen, wofür wir zuständig sind. Wir verstehen uns dabei nicht als Serviceeinrichtung, die alle Wünsche Betroffener zu erfüllen hat, sondern als Gender-Spezialisten, die jemandem, der unter einer Geschlechtsinkongruenz leidet, auf dem Weg zu mehr Lebensqualität im Sinne einer Reduktion des Leidensdrucks hilfreich zur Seite stehen. Es kamen auch sehr viele Einzelschicksale zur Sprache, sodass klar wurde, dass die neue Leitlinie nicht zu standardisiert gestaltet werden darf, damit mehr Freiräume für Individualisierung bleiben. In einem weiteren Schritt nahmen wir zwei Personen in die Expertengruppe auf, die die Interessen Betroffener vertreten.

Für die Betroffenen selbst erfolgten zwischen Juni und Oktober 2013 deutschlandweit Anhörungen, bei denen sehr lebhaft diskutiert wurde. Dabei wurden alle bekannten Selbsthilfegruppen und Interessengruppen, die bekannt waren, zu diesen Anhörungen eingeladen. Einige wichtige Ergebnisse können wie folgt wiedergegeben werden:

- Wunsch nach Abschaffung der umfangreichen Begutachtungen
- Forderung von mehr Akzeptanz der Selbstbestimmung der Betroffenen
- Kritik an zu privaten Anamnesen: Es gäbe Gutachter und Therapeuten, die den Schwerpunkt der Befragungen auf sexuelle Aspekte richten.

- Wunsch nach Abschaffung der Psychotherapiepflicht
- Forderung der Erstellung eines verbindlichen Leistungskatalogs, sodass nicht um jede geschlechtsangleichende medizinische Maßnahme kräftezerrend gekämpft werden muss
- Kritik an behandlungsverzögernden Aktivitäten des Medizinischen Dienstes der Krankenkasse (MdK), die oft als unterlassene Hilfeleistung empfunden werden
- Kritik an mangelnder Kompetenz in Bezug auf Transsexualität bei einigen Behandelnden

Im Anschluss an die Auswertungen der Anhörungen wurde mit einer sehr umfangreichen internationalen Literaturrecherche und der zugehörigen Evidenzbewertung begonnen, die Ende 2015 abgeschlossen werden konnte. Wenn dieser Beitrag veröffentlicht sein wird, wird auch eine Konsensustagung bereits erfolgt sein. Im Ergebnis dieser Tagung wird dann der endgültige Text erarbeitet und Ende 2016 publikationsreif sein.

3 Was wird sich ändern?

Der Entwurf einer Gliederung der Leitlinie »Geschlechtsdysphorie« liegt bereits vor (s.u., Nieder & Strauß, 2014). Dabei muss noch einmal darauf hingewiesen werden, dass es eine *medizinische* Leitlinie ist, in der die Begriffe Diagnose, Diagnostik, Differenzialdiagnosen und Therapie wesentliche Bestandteile eines medizinischen Betreuungsprozesses darstellen. Die Diagnose ist dabei nicht »Transsexualität«, sondern »Geschlechtsdysphorie«. Sie bezieht sich nur auf Personen, die auf die medizinischen Möglichkeiten zur Reduktion ihres Leidensdrucks, der sich aus einer Geschlechtsinkongruenz ergibt, angewiesen sind. Außerdem beschränkt sie sich auf erwachsene Personen ab ca. dem 16. Lebensjahr, da sich für Kinder eine andere Expertengruppe für zuständig hält. Geschlechtsdysphorie beschränkt sich nicht auf Personen, die sich als transsexuell bezeichnen, sondern steht für alle, die in einem nicht-binären Geschlechtersystem einen Leidensdruck hinsichtlich ihrer Geschlechtskongruenz bzw. -inkongruenz erleben.

Diese medizinische Leitlinie ist nicht auf den juristischen Angleichungsprozess übertragbar. Diesbezüglich sei darauf verwiesen, dass das bisherige Transsexuellengesetz in der Kritik steht und auf politischer Ebene verändert werden wird.

Folgender Entwurf zur Gliederung der S3-Leitlinie findet sich bei Nieder und Strauß (2014):

1. Einleitung
- Fokus der Leitlinie
- Geschlechtsdysphorie, inkl. Konkretisierung des Leidens
- Schwerpunkt Gesundheitsfürsorge für Erwachsene
- Bezugnahme auf die Adressaten
- Keine Empfehlungen zur Begutachtung in juristischen Kontexten, keine Aussagen zu Standards einzelner somatischer Maßnahmen
- Begriffsklärungen
- Kritische Thematisierung der Debatten zur Genese
- Qualitätssicherung

2. Diagnostik und differentialdiagnostische Überlegungen
- Thematisierung der Diagnostik
- Thematisierung der differentialdiagnostischen Überlegungen
- Komorbidität

3. Clinical Assessment
- Qualifikation der Akteure (Gefahr des Ausschlusses von Behandelnden vs. Notwendigkeit der Qualitätssicherung
- Qualifikationen aller an den Indikationsstellung Beteiligter
- Verschiedene Rahmen (verteilte Funktion, »eine Hand«
- Inhalt und Methode des Verfahrens (Prozesshaftigkeit und Individualität als Qualitätsmerkmale, etc.)

4. Indikationsstellungen für Behandlungsmaßnahmen
- Psychotherapeutische Maßnahmen (ambulant, stationär etc.)
- Endokrinologische Maßnahmen
- Chirurgische Maßnahmen
- Logopädie
- Epilationsbehandlung
- …

Aus diesem Gliederungskatalog ist schon ersichtlich, dass es in der neuen Leitlinie um mehr *Individualisierung* gehen wird. Auch steht die *Qualifikation der Betreuenden und Behandelnden* zur Disposition. Das heißt, wenn ein Betroffener die Hilfe der Medizin benötigt, kann er erwarten, dass er einer Person gegenübersteht, die mit der Materie der Geschlechtsdysphorie vertraut ist.

Die Forderung nach einem *Alltagstest* wird es in der Leitlinie nicht geben, zumal dieser für Frau-zu-Mann-Transsexuelle häufig ohnehin kein Thema war, da sie meist schon seit der Kindheit männliche Kleidung trugen. Fraglich war bisher auch, wer einen solchen Alltagstest überhaupt kontrollieren soll. Und weiterhin fragt man sich heute, was denn eigentlich typisch weibliche oder typisch männliche Kleidung ist. Eine Forderung nach einem Alltagstest gleicht heute mehr einer Bevormundung, die es in diesem Kontext nicht geben sollte.

Nun erscheint bereits in der aufgeführten Gliederung erneut der Begriff der »psychotherapeutischen Maßnahmen«. Eine Forderung nach *Psychotherapie* ist damit nicht gemeint und diese wird es nicht mehr geben, zumal gezeigt werden konnte, dass die meisten Betroffenen keiner Psychotherapie bedürfen (Seikowski, 2007). Etwas anderes ist es, dass kompetente Experten zur Verfügung stehen sollten, wenn Betroffene eine psychotherapeutische Begleitung wünschen. Bei einer solchen begleitenden Psychotherapie stehen nach Löwenberg und Ettmeier (2014) folgende Ziele im Vordergrund:

- Verbesserung der seelischen Stabilität
- Förderung der Selbstakzeptanz und des Selbstwertgefühls
- Abbau von Scham- und Angstgefühlen
- Förderung der Selbstwahrnehmung
- Aufbau eines stabilen Selbstbildes unter Berücksichtigung der Möglichkeiten und Grenzen eines eventuellen Geschlechtsrollenwechsels oder einer Lebensform zwischen den Geschlechtern
- Verringerung problematischer Verhaltensweisen und Zustände wie Rückzug, Selbstunsicherheit, Selbstverletzungen, Anorexie, Konsum von Alkohol und/oder Drogen
- Öffnung nach außen in Bezug auf die Geschlechtsdysphorie
- Unterstützung beim Coming-out im Freundeskreis, in der Familie und/oder im Beruf
- Bewältigung der durch die Geschlechtsdysphorie bedingten psychischen Anpassungsleistungen im Rahmen einer eventuellen Partnerschaft
- Reflexion des Wunsches nach medizinischen Maßnahmen wie Hormonbehandlung und Operation vor dem Hintergrund der Grenzen, Risiken und Perspektiven der jeweiligen Behandlung
- Unterstützung der sozialen Transition vor und nach einer eventuellen juristischen Anerkennung der Personenstandsänderung (z. B. bei einer eventuell erforderlichen oder gewünschten beruflichen Neuorientierung)

- Behandlung von psychischen Anpassungsstörungen im Zusammenhang mit hormonellen und/oder operativen Maßnahmen
- Unterstützung bei der Bewältigung einer persistierenden Symptomatik der Geschlechtsdysphorie nach medizinischen Maßnahmen (z.B. zur Akzeptanz nicht veränderbarer Körpermerkmale

Eine Reihe weiterer Anregungen wird noch zu diskutieren sein. Hamm und Sauer (2014) haben das in 20 Vorschlägen aus der Betroffenenperspektive zusammengestellt. Neben bereits erwähnten Veränderungen schlagen sie noch einige weitere vor, so etwa:

- Bevorzugung eines nicht-binären Modells von Geschlechtlichkeit im Denken der Behandelnden
- Verkürzung und Vereinfachung des Diagnoseprozesses
- Ausweitung der Diagnosekompetenz auf andere Ärzt_innen
- Vermeidung der Wertung von Intergeschlechtlichkeit als Ausschlusskriterium
- Gestaltung der Leitlinie als flexibles ›Baukasten-System‹
- Absehen von Hormonbehandlung als Voraussetzung für Operationen
- Absehen von ›krankheitswertigem Leidensdruck‹ als Voraussetzung für Transition
- Sicherung von Qualitätsstandards
- Förderung von betroffenenkontrollierter Forschung zum Thema

4 Ist eine positive Gesundheitsversorgung zu erwarten?

Es konnte gezeigt werden, dass die Bemühungen um neue Standards in Form einer S3-Leitlinie bereits sehr weit vorangeschritten sind, diesmal auch die Betroffenen einbezogen wurden und der internationale Stand zum Thema berücksichtigt wurde, keine Pauschalisierung, sondern eine Individualisierung bei Berücksichtigung der Selbstbestimmung favorisiert wurde und die Abschaffung von Alltagstest und Psychotherapiepflicht vorgesehen ist. Es steht noch die Frage aus, wer sich in Zukunft hinsichtlich der Qualitätssicherung als ›Genderspezialist‹ bezeichnen darf. Sollen das nur Ärzte und Psychologen sein? So gibt es in Deutschland – zwar noch nicht flächendeckend, vorhandene, aber sehr aktiv arbeitende – Beratungsstellen, in denen Mitarbeiter viel Aufklärung zum Thema leisten und Betroffenen die Wege zur Medizin bereiten. Ein solcher Ansatz wird in den USA bereits seit über 20 Jahren im Rahmen des Konzepts der ›informierten Zustimmung‹ *(informed consent)* umgesetzt (vgl. Radix & Eisfeld, 2014). Statt einer

Fachkraft für psychische Gesundheit ist eine ›primäre Gesundheitsfachkraft‹ für das erste Erfassen der psychischen Situation Betroffener zuständig und ebnet ihnen – wenn überhaupt erforderlich – den Weg zur medizinischen Betreuung. In Deutschland sind es Sozialpädagogen, Sozialarbeiter und Pädagogen, die im Transitionsprozess noch mehr kompetente Aufgaben übernehmen könnten und aus dem Prozess der Aus- und Weiterbildung zum Genderspezialisten nicht ausgeschlossen werden sollten.

Literatur

Becker, S., Bosinski, H. A. G., Clement, U., Eicher, W., Goerlich, T. M., Hartmann, U., Kockott, G., Langer, D., Preuss, D., Schmidt, G., Springer, A. & Wille, R. (1997). Standards der Behandlung und Begutachtung Transsexueller. *Z Sexualforsch,* 10, 147–156.

Hamm J. A. & Sauer, A. T. (2014). Perspektivenwechsel: Vorschläge für eine menschrechts- und bedürfnisorientierte Trans*-Gesundheitsversorgung. *Z Sexualforsch,* 27, 4–30.

Löwenberg, H. & Ettmeier, W. (2014). Die Rolle der Psychotherapie in einem integrativen Behandlungsansatz bei Geschlechtsdysphorie. *Z Sexualforsch,* 27, 44–58.

MDS – Medizinischer Dienst des Spitzenverbandes Bund der Krankenkassen e. V. (Hrsg.). (2009). *Grundlagen der Begutachtung, Begutachtungsanleitung, geschlechtsangleichende Maßnahmen bei Transsexualität.* Essen: MDS.

Nieder T. O. & Strauß, B. (2014). Leitlinie zur Diagnostik, Beratung und Behandlung bei Geschlechtsdysphorie. Stand der aktuellen Entwicklungen. *Z Sexualforsch,* 27, 59–76.

Radix, A. & Eisfeld, J. (2014). Informierte Zustimmung in der Trans*-Gesundheitsversorgung. Erfahrungen eines US-amerikanischen Community Health Center. *Z Sexualforsch,* 27, 31–43.

Richter-Appelt, H. & Nieder, T. O. (Hrsg.). (2014). *Transgender-Gesundheitsversorgung. Eine kommentierte Herausgabe der Standards of Care der World Professional Association for Transgender Health.* Gießen: Psychosozial-Verlag.

Seikowski, K. (1997). Keine Patienten im klassischen Sinne. Debatte Kritik der »Standards der Behandlung und Begutachtung von Transsexuellen«. *Z Sexualforsch* 10, 351–353.

Seikowski, K. (2007). Psychotherapy and Transsexualism. *Andrologia, 39*(6), 248–252.

Strauß, B. & Nieder, T. O. (2014). Leitlinienentwicklung Geschlechtsdysphorie. *Z Sexualforsch* 27, 1–3.

Körpergeschlechtliche Vielfalt im Praxistest

Simon Zobel

Einleitung

Leben ist nicht nur komplexer, als wir annehmen, sondern vielfach komplexer, als wir überhaupt annehmen können. Jede 500. Person in der Gesamtbevölkerung ist körpergeschlechtlich ›mehrdimensionaler‹ als der angenommene Durchschnitt, welcher ebenso als mehrdimensional betrachtet werden kann. Geschlecht zeigt sich auch körperlich als erstaunlich variantenreicher als oft angenommen. Das bedeutet: Vielgestaltigkeit und facettenreiche Strategien. Wird die Komplexität von Leben aber einem Korsett aus eindimensionalen Zuschreibungen und Parametern zugeführt, entstehen Instrumente der Exklusion. Von Normalität zunächst ausgeschlossen, werden Menschen über Sonderregelungen später wieder inkludiert, womit Geschlecht betreffende bestehende wissenschaftliche und kulturelle Annahmen reproduzierbar bleiben. In der Folge sind Grund-, Bürger- und Menschenrechte aufteilbar und ethisches Prinzip kann gedehnt werden.

Das Autonomieprinzip gesteht jeder Person Entscheidungsfreiheit und das Recht auf Förderung der Entscheidungsfähigkeit zu. Es beinhaltet die Forderung nach einem informierten Einverständnis *(informed consent, informed choice)* sowie die Berücksichtigung der Wünsche, Ziele und Wertvorstellungen der ›Patienten‹. Auch Eltern dürfen nicht nolens volens oder ›in guter Absicht‹ irreversiblen Maßnahmen wie operativen Eingriffen im frühen Kindes- und Jugendalter, der genitalen Normierung sowie Sterilisationen oder hormonellen Behandlungen zustimmen. Zudem ist weder aus ethischer Sicht noch in Hinblick auf die informierte Einwilligung eine Grenzziehung zwischen sogenannten *geschlechtszuordnenden* und *geschlechtsvereindeutigenden* Maßnahmen, wie sie der Deutsche Ethikrat empfahl, möglich.

Der vorliegende Beitrag nähert sich der Mehrdimensionalität von körperlicher Geschlechtsentwicklung zunächst aus einer zeitgenössischen Sicht der Biologie an, um im Hauptteil zu skizzieren, wie es derzeit um den Umgang mit körpergeschlechtlicher Vielfalt in Deutschland bestellt ist und wo unter Berücksichtigung aktueller Entwicklungen medizinische, ethische und rechtliche Fallgruben zu finden sind.

1 Einführung

1.1 Die Mehrdimensionalität von Geschlecht

Aus Sicht der Biologie fängt die Geschlechterfrage bereits vor etwa 1.200 bis 1.000 Millionen Jahren im Stenian-Zeitraum mit den ersten fossilen Beweisen für sexuelle Fortpflanzung in Eukaryoten (alle Lebewesen, deren Zellen einen Zellkern besitzen) an, spätestens aber im späten Proterozoikum vor etwa 700 bis 800 Millionen Jahren, als weitere Formen der geschlechtlichen Vermehrung auftraten. Geschlechtliche Vermehrung allein impliziert aber keine ›Geschlechter‹; geschlechtliche oder sexuelle Vermehrung bedeutet nur die Erzeugung eigenständiger Nachkommen, die in der Regel über die Bildung von Keimzellen (Geschlechtszellen), die dann miteinander verschmelzen, erfolgt. Aus biologischer Sicht lässt sich geschlechtliche Aktivität recht einfach auf follikel- und/oder spermienbereitstellende Funktionen reduzieren. Beide Aktivitäten können parallel in Erscheinung treten. Diese Funktionen oder Vermehrungsmodi sind nicht unbedingt auf einzelne Organismen oder Individuen verteilt. Beide Modi können an einem Individuum gleichzeitig verlaufen oder der Modus kann je nach Erfordernis innerartlich wechseln beziehungsweise an einem Individuum innerhalb eines Lebenszyklus wechseln (Lodé, 2011). Daneben findet auch eine eingeschlechtliche Fortpflanzung statt, indem aus Eizellen ohne Befruchtung oder aus mehrzelligen Fortpflanzungskörpern neue Individuen hervorgehen.

All diese Formen der Vermehrung existieren noch heute und sie existieren parallel.

Variabilität und komplexe, systemische Strategien machen das evolutionsbiologische Erbe, die Komplexität von Leben aus. Sie sind Grundvoraussetzung für Leben, so wie es sich entfaltet hat. Ohne Variabilität wäre Adaptation an umweltbedingte oder innerartliche Erfordernisse nicht möglich. Aufgespannt zwischen Variabilität und Komplexität sind auch beim Menschen die evolutionsbiologisch multi- oder bipotent mitgebrachten Grundlagen von Geschlecht. Sie bilden die Mehrdimensionalität von Geschlechtlichkeit ab.

Geschlechtsaktivität konstituierende Elemente sind körperbiologisch multi- oder bipotent und kommen in allen Körpern vor. So existieren auf allen genetischen, zellulären und organischen Ebenen interaktive Schnittstellen beziehungsweise variable Potenziale. Bei der Determinierung von geschlechtlichen Funktionen als ›weiblich‹ oder ›männlich‹ ist dementsprechend etwas Vorsicht geboten. Dies betrifft ebenso Chromosomen beziehungsweise Gene, die gern als ›weiblich‹ oder ›männlich‹ attribuiert werden. Denn obwohl es auch beim Menschen komplexe Spezialisierung gibt, muss diese nicht eindimensional oder monokausal sein. Der mehrdimensionale Blick auf lebendige, komplexe Systeme lohnt sich auch in Bezug auf menschliche Geschlechtlichkeit und auf das evolutionäre Abenteuer Mensch. Die Forschung wirkt durch die Kategorisierung von weiblichen und männlichen Attributen oft selbst einseitig ›vergeschlechtlichend‹, wo Leben sich mehrdimensional aufspannt. Gesellschaftlich-kulturelle Annahmen bilden häufig die Grundlage für die Wissenschaft oder bestimmen zumindest mit, wie Studien angelegt sind oder Ergebnisse gelesen werden. Auch naturwissenschaftliche Forschung findet nicht im luftleeren Raum jenseits gesellschaftlich-kultureller Bedingungen statt und die Forschenden selbst bringen keine völlig objektive Bedingung als Voraussetzung mit (Schmitz, 2009).

Geschlechtschromosomensysteme sind ebenso durchaus zwischen Spezialisierung und Variabilität aufgespannt. Die bereits seit den 60er Jahren des 20. Jahrhunderts erforschte Entwicklungsgeschichte des als männlich determinierten Y-Chromosoms (Ohno, 1967, 1969) etwa deutet auf Spezialisierung hin. Das Vorhandensein des Y-Chromosoms und der damit verbundenen hodendeterminierenden Faktoren legt (bei den Säugetieren wie auch bei Menschen) zumeist eine Spezialisierung in Richtung spermienerzeugender Funktion nahe – aber diese kann eben auch in Abwesenheit des Y-Chromosoms erfolgen. Hodendeterminierende Faktoren können unabhängig vom Vorhandensein des Y-Chromosoms an ein X-Chromosom (häufig weiblich determiniert) angegliedert sein. Hodendeterminierende Faktoren können auch unabhängig von den *Geschlechtschromosomen* an Autosomen[1] angegliedert sein. Die geschlechtliche Vermehrung ist evolutionsbiologisch sowohl älter als spezifische geschlechtschromosomale genetische Strukturen als auch älter als die ›mütterlich vererbte‹ mitochondriale DNA und das ›väterlich vererbte‹ Y-Chromosom. Gene sind nicht eindimensional: Sie korrespondieren auf allen Ebenen miteinander sowie mit Zellen und Gewebe. Es bestehen ebenso eine Variabilität und eine Konnektivität zwischen genetischen Faktoren sowie Adaptationen, die zum einen umweltbedingt sind, sich zum

1 Als Autosomen werden in der Genetik jene Chromosomen bezeichnet, die nicht zu den Gonosomen (Geschlechtschromosomen) gehörig determiniert werden.

anderen aber – auch beim Menschen – viel komplexer auf innerartliche beziehungsweise soziale Wechselwirkungen beziehen können (Ridley, 2001; Crews, 2003). Dies betrifft die epigenetische Steuerung oder die Genaktivität. Zudem bezeichnet das auch in den Medien oft erörterte Genom *lediglich* die DNA oder Gesamtheit der vererbbaren Informationen, während das wenig erörterte Transkriptom auf die übersetzte Erbinformation (RNA) und das gar nicht erörterte Proteom auf die temporär vorhandenen, aktiven biologischen Makromoleküle (Proteine, Eiweiße oder Eiweißstoffe) abhebt.

Zur evolutionsbiologisch angelegten Aufspannung zwischen Variabilität und Spezialisierung gehört auch die Flexibilität von Zellen und Gewebe. Obwohl die inneren und äußeren Geschlechtsorgane bei Erwachsenen zumeist recht unterschiedlich aussehen, sind sie sich in ihrem Aufbau sehr ähnlich. Sie entwickeln sich aus den gleichen embryonalen Strukturen. Ausgangspunkt für die Differenzierung von Eierstöcken und Hoden (oder Mischformen wie Ovotestis) ist die bipotente Gonadenanlage. In der Regel ist der vom Y-Chromosom kodierte Transkriptionsfaktor SRY verantwortlich für die Ausbildung der indifferenten, bipotenten Keimdrüsenanlagen zu Hoden statt zu Eierstöcken. Allerdings kann Hodendifferenzierung auch in seiner Abwesenheit stattfinden. Ein einzelner Faktor, der Transkriptionsregulator FOXL2, ist erforderlich, um die Transdifferenzierung eines ausgebildeten Eierstocks zum Hoden zu verhindern. Die Induktion von FOXL2 kann anscheinend zur sofortigen Hochregulation von hodenspezifischen Genen einschließlich des SRY-kritischen Zielgens SOX9 führen. Übereinstimmend erfolgt die Umprogrammierung der Granulosa- und Thekazelllinien (Eierstock) zu Sertoli und Leydigzelllinien (Hoden) vergleichbar denen von ›männlichen‹ Geschwistern. Die Zellen verändern also aus sich heraus ihre ›weibliche‹ in eine ›männliche« Funktionsweise. Dies zeigt auch, dass die Erhaltung des ovariellen Typus (der Eierstöcke) ein lebenslanger aktiver Prozess ist (Uhlenhaut et al., 2009).

Hormone sind zunächst nur biochemische Bausteine. Sie bauen in Stufen aufeinander auf und sind interaktiv umbaubar. Vor- und Aufbaustufen der Sexualhormone kommen in allen Körpern (in unterschiedlichen Mengenverhältnissen) vor, wobei die Bezeichnung ›Sexualhormon‹ auf die spezifische Wirkung oder Regulationsfunktion dieser Botenstoffe in Hinblick auf die Zellen der Zielorgane abhebt. Sexualhormone wirken vielfältig. Jedoch ist von simplen Attribuierungen wie ›weibliches‹ oder ›männliches‹ Hormon Abstand zu nehmen. Vielmehr ist von einem modularen Baukastensystem auszugehen. So werden Androgene ab einem bestimmten Mengenverhältnis in allen Körpern mithilfe des Enzyms Aromatase in Östrogene umgewandelt – ein Prozess, der auch bei der Differenzierung der Eierstöcke (weiblich determiniert) eine Rolle spielt (Duffy et al., 2010). Wer als Kraftsportler meint, dass ›viel viel hilft‹, sei daher gewarnt: Bei zusätzlicher Testosteronzufuhr wird die körpereigene Ausschüttung von Androgenen in den Hoden gedrosselt und auch die Spermatogenese, die Bildung von Samenzellen, eingedämmt. Ab einem gewissen Grad an ›Viel‹ bewirkt die genannte Aromatase schließlich die Bildung von Brüsten (Berliner et al., 1996).

Das Gehirn hat als steuerungsrelevantes und informationsverarbeitendes Organ im körperbiologischen Zusammenspiel ein wichtige adaptative Rolle. Es reguliert und wird reguliert (Schmidt-Rhaesa, 2007). ›Sexualhormone‹ wirken vielfältig – auch auf hirnanhängige Strukturen. Es kann angenommen werden, dass sich die geschlechtliche Identität im gesamtkörperlichen Zusammenspiel weder allein in Eierstöcken noch allein in Hoden bildet. Weiterhin darf angenommen werden, dass die Ausbildung des urogenitalen Traktes zu Vagina/Klitoris oder Penis allein noch keine definitiven Rückschlüsse auf die werdende geschlechtliche Identität zulässt (Schweizer & Richter-Appelt, 2009). Wenn die Mehrdimensionalität von Geschlecht berücksichtigt wird, ist auch betreffend ›Transsexualität‹ die Frage erlaubt, ob hier körperliche Hintergründe wie etwa epigenetische oder hirnanhängige hormonell-enzymatische Faktoren per se auszuschließen sind.

Leben hat eine unglaubliche Vielfalt von Entwicklungsverläufen, Strategien und Erscheinungsformen hervorgebracht, die die klassische Betrachtungsweise einer strikten Geschlechterdichotomie mit als männlich und weiblich definierten Charakteristika infrage stellt. Leben ist nicht nur komplexer, als wir annehmen, sondern vielleicht komplexer, als wir überhaupt annehmen *können* (Haldane, 1928). Die Mehrdimensionalität von Geschlechtlichkeit und geschlechtlichem Ausdruck sollte als gesellschaftliches Querschnittsthema betrachtet werden, bestehen doch beim Umgang damit auch Verbindungen zu Normierungen von Körpern und Verhaltensweisen, die überkommenen kulturellen, wissenschaftlichen oder religiösen Vorstellungen und Kategorien entsprechen (Zobel, 2014). Abendländisches Denken ist erst seit der Späten Neuzeit von einer recht rigiden dualistischen Vorstellungswelt geprägt. Frauen und Männer als sich voneinander fundamental unterscheidende Wesen zu betrachten ist beispielsweise – auch im europäischen Raum – ein vergleichsweise junges Phänomen: Es hat sich im 18. Jahrhundert entwickelt (Laquer, 1990). Auch außerhalb der modernen Physik (Welle/Teilchen-Nondualität) existieren heute erweiterte Sichtweisen und Weltbilder in Natur- wie Ingenieurwissenschaften, die von vielschichtig-komplexen

Ansätzen ausgehen und auch eine Bereicherung im gesellschaftlichen Diskurs um Geschlechtliches darstellen können (Ramo & St. Clair, 1998).

Die geschlechtlichen Verhältnisse im Bereich des Lebendigen unterliegen flexiblen Parametern und sind in interaktiven Systemen miteinander verschachtelt. Die Bedingungen sind dabei funktional nicht beliebig. Sie sind aber auch nicht monokausal oder hierarchisch. So lässt zum Beispiel weder das Genom allein, noch lassen in lichtmikroskopischen Verfahren darstellbare Genbilder (Karyogramm mit einem der beiden sogenannten Geschlechtschromosomen) vollständige Rückschlüsse auf das gesamte organische System zu.

Geschlechtlichkeit kann weder als radikal unabhängig noch als radikal abhängig von biologischen, insbesondere hormonellen Faktoren gesehen werden. Vielmehr ist der (auch biologisch) mehrdimensionale Charakter von Geschlechtlichkeit zu berücksichtigen.

1.2 Ein allgemeingesellschaftlich relevantes Thema

Hinsichtlich der Verbreitung von angeborener körperlich ›atypischer Geschlechtsdifferenzierung‹ kursieren je nach Bezugsrahmen unterschiedliche Angaben beziehungsweise jeweils nach Körperbildern geordnete geringe bis sehr geringe Häufigkeitsangaben. So kann der Eindruck entstehen, es handele sich um eine verschwindend geringe Anzahl von Individuen oder doch zumindest um eine Randgruppe der ›Besonderheiten‹, die in Hinblick auf allgemeingesellschaftliche Fragen von wenig Relevanz ist. Werden aber allein die von der Weltgesundheitsorganisation WHO veröffentlichten Daten zu den bekanntesten sogenannten ›Syndromen‹ wie zum Beispiel chromosomalen Variationen in Form von 47,XXY zugrunde gelegt, dann darf schon eine relevante Häufigkeit von mindestens 1 : 500 an der Gesamtbevölkerung angenommen werden (WHO, 2014). Darüber hinaus sind viele Formen von ›atypischer Geschlechtsdifferenzierung‹ bis heute nicht bekannt. Im Übrigen kann davon ausgegangen werden, dass auch immer wieder neue Formen hinzukommen. Viele Informationen sind nur den fachbezogenen Naturwissenschaften oder dem medizinischen Fachpublikum zugänglich beziehungsweise verständlich.

Wird die Gesamtheit aller sogenannten seltenen Phänomene gesehen, dann sind sie nicht mehr so selten. Die Mehrdimensionalität ist kein Phänomen, das nur bei ganz wenigen Menschen auftritt und somit ein Randgruppenthema darstellt. In vielen Gesprächen während Fachveranstaltungen oder Treffen der Selbsthilfeorganisationen wurde ferner ersichtlich, dass es sich bei den involvierten Menschen um eine wenig homogene Gruppe mit unterschiedlichen körperlichen Konstitutionen und unterschiedlichen Bedürfnissen handelt. Sie sind verschieden und leben in allen gesellschaftlichen Schichten und Bevölkerungsgruppen. In Auseinandersetzung mit politischen, soziokulturellen, rechtlichen sowie körpergeschlechtsidentitären Fragestellungen nutzen manche Menschen selbstbestimmt Begriffe wie intersexuell beziehungsweise intergeschlechtlich. Diese Menschen bilden auch häufig – als *dazwischen* oder *drittes Geschlecht* stilisiert – die sichtbare Spitze des Eisberges in den Medien ab. Unter den Frauen und Männern mitten in der Gesellschaft verbirgt sich die breite Mehrheit der Menschen mit als ›atypisch‹ bewerteter Geschlechtsdifferenzierung. Es kann recht sprichwörtlich die ältere Dame von nebenan sein.

Allein die biologische Mehrdimensionalität in Betracht gezogen: Wo genau ist die Grenze zwischen Frau-Sein und Mann-Sein zu ziehen? Die geschlechtliche Identität ist eine Frage der Selbstbestimmung. Die Bestimmung des Körpergeschlechts hängt vielfach von der Kategorisierung der Geschlecht konstituierenden Elemente beziehungsweise von den Zuschreibungsparametern selbst ab. Abweichungen von den als Standard angenommenen Abläufen der Entwicklung von der befruchteten Eizelle zum ›erwachsenen Menschen‹ sind nicht automatisch als Störung, als nachteilig beziehungsweise weniger optimal aufzufassen. Auf dem 8. Berliner Symposium für Kinder- und Jugendgynäkologie wurde am 19. April 2013 eine *Fallbeschreibung* mit sogenannter kompletter Androgenresistenz (CAIS) mit dauerhafter Beschaffenheit von Müllerstrukturen wie Uterus und Eierstöcken sowie Regelblutung (Lehmann-Kannt, 2013) auf der Basis von 46,XY und SRY-positiv (›chromosomal männlich‹) vorgestellt. Eine Frau mit ›männlicher Genetik‹ oder ein Mann mit ›völlig weiblicher‹ körpergeschlechtlicher Entwicklung? Oder eben mehrdimensional? Letztendlich ist auch der Begriff der Mehrdimensionalität nur eine Krücke, um die Komplexität von Leben zu beschreiben.

Selbst wenn die quantitative Verteilung von als ›atypisch‹ determinierter angeborener körperlicher Geschlechtsdifferenzierung im Durchschnitt nicht höher als 1 : 10.000 in der Gesamtbevölkerung wäre, stützten sich medizinethische Fragestellungen zur Umgangsweise nicht etwa auf die Häufigkeit, sondern immer auf ein ethisches Prinzip. Des Weiteren verblieben Grund-, Bürger- und Menschenrechte prinzipiell nicht aufteilbar (Zobel, 2016).

2 Im Praxistest

2.1 Neue Wasser auf alte Mühlen

> »Die Diskussion um die Nomenklatur verdeutlicht, dass die Medizin nicht eine rein naturwissenschaftlich geprägte Disziplin darstellt, sondern in Inhalt und Ausdruck auch kulturell geprägt wird und damit aktuellen gesellschaftlichen Strömungen unterliegt. Eine Gleichsetzung von DSD mit Fehlbildung oder Krankheit ist nicht angemessen. Aus der Perspektive der Medizin wird es für die Unterteilung in ›gesund‹ und ›krank‹ als relevant angesehen, dass Übergangsformen mit Funktionsstörungen einhergehen, z. B. einem Verschluss der Vagina, einem Salzverlust oder einer Nebennierenrindeninsuffizienz (bei AGS). Daran kann sich die Einstufung als behandlungsbedürftige Krankheit ausrichten. In anderen Fällen kann dieses Urteil auf stereotypen Vorstellungen von Geschlechtsidentität und -rollen beruhen, die sich im Zuge einer unverkennbaren gesellschaftlichen Tendenz zur Flexibilisierung von Geschlechtsidentität und -rollen als rigide erweisen können« (Bundesärztekammer, 2015).

Vieles bewegt sich. Manche der aktuellen Entwicklungen stimmen durchaus erwartungsfroh. Auch medizinische Fragestellungen bewegen sich nicht isoliert, sondern immer vor dem Hintergrund kultureller Bedingungen und Mythen sowie naturwissenschaftlicher Annahmen.

Es ist zu vermuten, dass auch der weitere Prozess der Akzeptanz von (körper-)geschlechtlicher Vielfalt in den üblichen vier Stufen verlaufen wird: »1. Das ist wertloser Unsinn; 2. Das ist ein interessanter, aber verdrehter Standpunkt; 3. Das ist wahr, aber ganz uninteressant; 4. Ich habe das immer schon gesagt« (Haldane & Dronamraju, 1963).

Wenn neue Wasser allerdings nur zögerlich auf alte Mühlen fließen, verbleiben die Bedingungen strukturell reproduzierbar und begünstigen so auch die Schaffung von Umsortierungen und Sonderregelungen, die Tendenzen zur Erhaltung überkommener naturwissenschaftlicher Annahmen und kultureller Bedingungen zulassen.

Die Nomenklatur anhand des Diagnoseklassifikationssystems der Internationalen statistischen Klassifikation der Krankheiten und verwandter Gesundheitsprobleme (International Classification of Diseases, ICD) bildet keine mehrdimensionale Deutung von Geschlecht ab. Körpergeschlechtliche Abweichungen von der als Standard angenommenen Geschlechtsentwicklung können so zum Beispiel auf der Grundlage von lichtmikroskopisch darstellbaren *geschlechtsch-*

romosomalen Strukturen wie 46,XY oder 46,XX *Krankheitsbildern* zugeordnet werden. Auch im Umgang mit der ICD besteht daher eine Tendenz zur Umsortierung. Erinnert sei in diesem Zusammenhang wieder an das Fallbeispiel von Lehmann-Kannt (2013) mit vorhandenem Uterus und vorhandenen Eierstöcken sowie Regelblutung. Vormals als ›XY-Geschlechtsumkehr‹ benannt wird dieses Körperbild aktuell als komplette XY-Gonadendysgenesie eingeordnet – also als komplett beidseitig ›dysgenetisch‹ (fehlgebildet). Denn die externen und internen Genitale sind trotz ›männlichem‹ 46,XY-Karyotyp ›weiblich‹. Zu beachten ist hier, dass bei vielen Formen von Gonadendysgenesien das Krebs- oder Entartungsrisiko mit mindestens 30 Prozent oft als sehr hoch angegeben wird (Gourlay et al., 1993; Nieschlag et al., 2009). Operative Eingriffe sind vielfach die Folge. Mit Verweis auf Krebs- oder Entartungsrisiken ist daher auch weiterhin mit dem Anraten zu operativen Eingriffen zu rechnen. Diese kommen unter Umständen Sterilisationen oder Teilsterilisationen (bei Entnahme von *geschlechtsuntypischen* Keimdrüsenanlagen) gleich. Bei Kindern und Jugendlichen ist so gegebenenfalls auch weiterhin die Umgehung von § 1631c BGB möglich: »Die Eltern können nicht in eine Sterilisation des Kindes einwilligen. Auch das Kind selbst kann nicht in die Sterilisation einwilligen«.

Die vom Deutschen Ethikrat empfohlene Aufteilung in ›geschlechtszuordnende‹ und ›geschlechtsvereindeutigende‹ Maßnahmen lässt ebenso eine Tendenz zur Umsortierung erkennen. Unter der Prämisse der Geschlechtsvereindeutigung lassen sich viele Körper weiterhin ›behandeln‹. ›Funktionale‹ Maßgaben wie etwa die Erhaltung der Fertilität (Fruchtbarkeit, Reproduktionsfähigkeit) lassen sich so einerseits zur Geschlechtsvereindeutigung heranziehen. ›Funktionale‹ Maßgaben lassen sich aber andererseits auch umgehen, denn anhand der ICD können selbst fertilen Körperbildern pathologische Diagnosen zugeordnet werden – dem Lehmann-Kannt-›Fall‹ zum Beispiel eine XY-Gonadendsygenesie. Viele Menschen finden sich nunmehr in der ICD-10-GM unter Kapitel XVII: »Q96-Q99 Angeborene Fehlbildungen, Deformitäten und Chromosomenanomalien« wieder (ICD-10-GM, 2016). Das Diagnoseklassifikationssystem der ICD ist die Grundlage des Abrechnungssystems von Krankenkassenleistungen.

Wo ist – auch aus ethischer Sicht – die Grenze zwischen geschlechtszuordnenden und geschlechtsvereindeutigenden Maßnahmen zu ziehen? Das Autonomieprinzip gesteht jeder Person Entscheidungsfreiheit und das Recht auf Förderung der Entscheidungsfähigkeit zu. Es beinhaltet die Forderung des informierten Einverständnisses *(informed consent, informed choice)* vor jeder diagnostischen und therapeutischen Maßnahme sowie die Berücksichtigung der Wünsche, Ziele und

Wertvorstellungen des ›Patienten‹. Getarnt als sogenannte geschlechtsvereindeutigende Maßnahme kann ethisches Prinzip gerade bei Kindern und Jugendlichen im nicht-einwilligungsfähigen Alter auch weiterhin durchaus gedehnt werden. Hinsichtlich soziokultureller Erwartungen an Körper und geschlechtlicher Identität können so irreversible Maßnahmen zum Zweck der genitalen Normierung von Kleinkindern auch weiterhin erfolgen. Dies betrifft gerade Klitorisreduktionen sowie vereindeutigende Eingriffe an der Vagina oder operative ›Korrekturen‹ des Penis im frühen Kindes- und Jugendalter. In ihrer Stellungnahme zu Intersexualität führt die Nationale Ethikkommission NEK-CNE der Schweiz aus: »Wenn solche Behandlungen allein zum Zweck einer Integration des Kindes in sein familiäres und soziales Umfeld durchgeführt werden, widersprechen sie dem Kindeswohl. Überdies garantieren sie nicht, dass der vermeintliche Zweck der Integration erreicht wird« (NEK-CNE, 2012).

In Hinblick auf Umsortierung ist auch die Neuregelung in § 22 Abs. 3 PStG, die zum 1.11.2013 in Kraft getreten ist, durchaus kritisch zu betrachten. Der Zuweisungsaufschub kann Erleichterung für Eltern und Kind sowie Raum für die körperliche und identitäre Entwicklung des Kindes gewährleisten. In Bezug auf letztere Fragen dürfte eine *sichere Prognose* auch mehrheitlich weder in den ersten Lebenswochen noch im weiteren Verlauf der frühen Kindheit zu leisten sein (Schweizer & Richter-Appelt, 2009). Im Übrigen dürfte bei allen Kindern eine *sichere Prognose* der identitären Entwicklung in den ersten Lebenswochen wohl kaum zu leisten sein. Daher ist ebenso die Frage berechtigt, ob eine Sonderregelung bei Kindern mit einer als ›atypisch‹ determinierten körpergeschlechtlichen Konstitution nicht zu weiterer Stigmatisierung beitragen kann. Die letztliche Fassung der Verwaltungsvorschrift, beziehungsweise die Anpassung der Verwaltungsvorschrift an die Gesetzesneuerung, regelt das Inkrafttreten des Gesetzes allein nicht. Die aktuelle Fassung der Verwaltungsvorschrift schließt eine Eintragung als ›intersexuell‹ oder ›ungeklärt‹ explizit aus. Die Frage, nach welchen Kriterien das Kind weder dem einen noch dem anderen Geschlecht zugeordnet werden kann und welche Gruppen von einer solchen Kategorisierung ausgeschlossen sind, dürfte alleinige Expertise der Medizin verbleiben. Die Entscheidung für einen rechtlichen Geschlechtseintrag als ›unbestimmt‹ wird auch maßgeblich an die Haltung der Eltern geknüpft sein.

In Hinblick auf die Änderung des Geschlechtseintrags im Erwachsenenalter lehrt die Erfahrung, dass der Erfolg über die bestehenden rechtlichen Wege wiederum auch sehr eng an die weibliche oder männliche Determinierung der diagnostizierten Karyotypen und an darauf bezogene *Diagnosegruppen* beziehungsweise an bestimmte *Diagnosegruppen* gebunden ist.

Dem Autor ist ein ›Fall‹ bekannt, bei dem nach § 22 Abs. 3 PStG im späten Erwachsenenalter selbstbestimmt die Änderung des Geschlechtseintrags von zunächst ›weiblich‹ nach ›unbestimmt‹ erfolgen konnte und dann von ›unbestimmt‹ nach ›männlich‹. Für diese Schritte waren sehr gute Empfehlungen, ein kooperatives Standesamt, ein gutwilliges Amtsgericht und eine in diesem Sinne *konkludente Diagnosegruppe* maßgeblich. Bestimmte *Diagnosegruppen* werden als schlüssig erachtet, weil sie als geeigneter gesehen werden, die bei Geburt erfolgte unrichtige Eintragung der Geschlechtsangabe zu bestätigen. Zum Erfolg bei letzterem Schritt nach ›männlich‹ trug denn auch der diagnostizierte 46,XY-Karyotyp (männlich determiniert) bei. Eherechtlicher Status und Pensionsansprüche blieben von diesen Schritten unangetastet.

Auch die Berichtigung (der Geburtsurkunde) nach Abschluss der Beurkundung gemäß § 47 Abs. 2 Satz 1 PStG beziehungsweise die Feststellung der unrichtigen Eintragung wird maßgeblich durch einen *passenden Karyotyp* für die beabsichtigte Berichtigungsrichtung der Geschlechtsangabe begünstigt. Eine bekannte, dafür als konkludent erachtete Diagnosegruppe wirkt außerdem begünstigend. In Einzelfällen kann versucht werden, die Feststellung der unrichtigen Eintragung durch aufwendigere Gutachten und hervorragende Empfehlungen zu erreichen. Eine Erfolgsgarantie gibt es selbst für diesen Weg nicht.

Die Mehrheit wird die Änderung des Geschlechtseintrags nur nach dem Gesetz über die Änderung der Vornamen und die Feststellung der Geschlechtszugehörigkeit *in besonderen Fällen* (Transsexuellengesetz – TSG) erwirken können. Dieses Verfahren ist wesentlich kosten- und zeitintensiver. Falls geeignete Gutachten nicht anderweitig bereits vorhanden sind, müssen die (zwei) benötigten psychologischen Gutachten zusätzlich eingeholt werden. Diese müssen bestätigen, dass sich das weibliche oder das männliche Zugehörigkeitsempfinden nicht mehr ändern wird. Die benötigten psychologischen Gutachten machen den größten Anteil der erheblich höheren Gesamtkosten am Verfahren nach dem TSG aus.

Wer die Berichtigung (der Geburtsurkunde) nach Abschluss der Beurkundung gemäß § 47 PStG nicht erwirken kann, wird zumeist auf den Weg über das TSG verwiesen.

›Intersexualität‹ beziehungsweise eine körperliche Variation der Geschlechtsdifferenzierung ist de facto kein Ausschlusskriterium für das aktuelle rechtliche Verfahren nach dem TSG, weil das psychische Zugehörigkeitsempfinden als maßgeblich erachtet wird. Für die psychologischen Gutachten ist eine körperliche Variation der Geschlechtsdifferenzierung nicht direkt maßgeblich. Sie fließt aber zumeist begünstigend ein. Das Verfahren kann daher oft verkürzt verlaufen. Dies ist so, weil oftmals die vorgeschaltete *therapeutische Langzeitbegleitung zur Abklärung des Zugehörigkeitsempfindens* entfällt. Bei der amtsrichterlichen persönlichen Vorsprache kann sich des Weiteren das durch die körpergeschlechtliche Variation vorhandene Körperbild als vorteilhaft erweisen – die ›passende‹ Eintragsänderungsrichtung vorausgesetzt.

Einmal den zeit- und kostenintensiveren Aufwand außer Acht gelassen, ist die Umsortierung über das Verfahren nach dem TSG grundsätzlich zu hinterfragen. Ebenso soll das Zugehörigkeitsempfinden freilich immer explizit als ›weiblich‹ oder ›männlich‹ ausgeprägt sein. Auch dies ist geeignet, Geschlecht betreffende überkommene naturwissenschaftliche Annahmen und kulturelle Bedingungen reproduzierbar verbleiben zu lassen.

Flexiblere Verfahren mit geringem Zeit- und Kostenaufwand für alle Antragstellenden sowie geringerem Aufwand für die Amtsgerichte sind grundsätzlich anzustreben.

2.2 Gesundheit ›zuordnen‹ oder zulassen?

Zahlreiche Menschen mit angeborenen Variationen der körpergeschlechtlichen Entwicklung berichten, dass ihnen Risiken und Gefahren der Behandlung, sogar der eigentliche Behandlungsgrund verschwiegen wurden. Dies geschah auch mit der Absicht, Fragen zur geschlechtlichen Identität zu vermeiden und mit der Annahme, damit die soziale Integration zu verbessern. Zwar muss heute vor jeder wichtigen Entscheidung durch eine medizinische Fachperson umfassend aufgeklärt werden, eine konkrete gesetzliche Regelung zur Einwilligung in einen ärztlichen Eingriff existiert jedoch nicht. Ärztliche Heileingriffe und Aufklärung sowie Patienteneinwilligung umfassen zahlreiche rechtliche, medizinische und medizinethische Aspekte. Im Folgenden wird sich daher auf einige besonders relevante Punkte für Menschen mit angeborenen Variationen der körpergeschlechtlichen Entwicklung bezogen. Gegenüber dem *informed consent* nach amerikanischem Vorbild fällt die deutsche ›Patientenaufklärung‹ in der Praxis ungleich schwächer aus, was die tatsächliche umfassende Selbstbestimmung betrifft. Beim *informed consent* werden mehr Informationen verlangt als in Deutschland üblich sind: persönliche Entscheidung für eine gegebene Möglichkeit nach Erklärung anderer Verfahren, Vorteilsabwägung der bevorzugten Methode gegenüber anderen Methoden, Risikoabwägung gegenüber mehreren Methoden einschließlich des Nichtstuns, Erfolgsbeurteilung aller Methoden, Information über Kosten und Rekonvaleszenzdauer, Zweitsitzung. Die Dokumentation der ›präoperativen Beratung‹ *muss* (hand-)schriftlich erfolgen. In Deutschland kann eine Einwilligung des Patienten sowohl mündlich als auch schriftlich erfolgen, wobei aus Beweisgründen eine schriftliche Dokumentation des Aufklärungsgesprächs (oder die Durchführung des Aufklärungsgesprächs in Anwesenheit von Zeugen) manchmal sinnvoll sein kann. Die verwendeten standardisierten Aufklärungsbögen (vorformulierte Einwilligungserklärungen) sind keine umfassende schriftliche Dokumentation. In zivilrechtlichen Verfahren trägt die ärztliche Fachperson die Beweislast für eine ordnungsgemäße, vollständige, zeitige und richtige Selbstbestimmungsaufklärung (Parzeller et al., 2006). Zu Eingriffen zählen nicht nur therapeutische ärztliche Maßnahmen wie etwa die Durchführung von Operationen, sondern auch diagnostische Verfahren wie laparoskopische Untersuchungen. Auf letztere muss besonders in Hinblick auf Gewebeuntersuchungen von im Bauchraum liegenden Keimdrüsen (den Gonaden: Eierstöcke, Hoden oder Mischformen) hingewiesen werden. Zwar werden heute vielfach weniger invasive bildgebende Verfahren eingesetzt, aber diese schließen endoskopische Untersuchungen nicht aus.

Dem Anerkennungsgrad des geplanten Verfahrens kommt wesentliche Bedeutung zu. Heilversuche bedürfen einer ausführlicheren Aufklärung als schulmedizinische Standardmethoden. Neben der Indikation (wie kosmetisch, elektiv, notfallmäßig) und der damit verbundenen Dringlichkeit der Behandlung spielen auch Häufigkeit und Schwere der eingriffsspezifischen Risiken eine Rolle. Hier ist zu beachten, dass bei angeborenen Variationen der körpergeschlechtlichen Entwicklung vielfach weder von einem eigentlichen Heilerfolg (der zum Beispiel genetisch bedingten Variation) noch von einem medizinischen Notfall ausgegangen werden kann. Zumeist ist von einer elektiven Indikation auszugehen. Das heißt, dass es sich um eine ausgewählte, bewusste Auswahl einer ärztlichen Handlung handelt. Diese Auswahl ist nicht zwingend. Durch Betonung der Elternautonomie gilt gerade für die geschlechtsangleichenden Eingriffe am äußeren und inneren Genitale in der Kindheit, dass es sich zumeist um kosmetische Operationen irreversibler Natur zum Zweck der Geschlechtsvereindeutigung handelt. Bei medizinischen Maßnahmen an Menschen mit angeborenen Variationen der körpergeschlechtlichen Entwicklung handelt es sich zumeist auch nicht um schulmedizinische Standardmethoden. Die Notwendigkeit operativer Eingriffe kann vielfach nicht mit zufriedenstellender Evidenz belegt werden. Für die ärztlichen Leitlinien gilt daher auch die unterste Evidenzklasse: Evidenzklasse 5 – also »Expertenmeinungen ohne explizite Bewertung der Evidenz«, da in Hinblick auf einen *zufriedenstellenden heiltherapeutischen Erfolg* der Eingriffe kein Beweis vorliegt (AWMF, 2010). Neue Leitlinien werden zum 31.3.2016 erwartet.

Problematisch ist weiterhin die pränatale Dexamethason-Gabe beim sogenannten adrenogenitalen Syndrom (AGS)[2], da eindeutige Erkenntnisse über Nutzen und Schaden fehlen. Im Fall von innen liegenden Hoden beweisen jüngere Studien die durchaus vorhandene Funktionsfähigkeit. Sie besteht zum einen aus endokrinologischer Sicht, weil für Gesundheit und Wohlbefinden relevante Sexualhormone bereitgestellt werden. Die Krux aber ist, dass in diesen Organen durchaus Spermatogenese (Bildung von Spermien) stattfindet (Czeloth et al., 2014).

Wie wichtig gerade ein dem Menschen zugewandter, nicht-medikalisierter Beratungsansatz in Hinblick auf die sorgeberechtigten Eltern ist, konnte die Studie »Shaping Parents« von Streuli et al. (2013) aufzeigen. Eine Herauslösung der medizinischen und therapeutischen Fachberatung aus dem klinischen Setting hat eine Zurückhaltung gegenüber operativen Maßnahmen klar begünstigt. Nach Ansicht eines medikalisierten Videos dagegen wählten achtunddreißig von neunundachtzig Eltern (43 Prozent) eine frühzeitige Operation ›für ihr Kind‹.

Auch bei Minderjährigkeit entfällt nicht die Dispositionsbefugnis über höchstpersönliche Rechtsgüter, das heißt selbstbestimmt über Eingriffe in seinen Körper entscheiden zu können. Kinder können altersgerecht an medizinischen Entscheidungen beteiligt werden (Woweries, 2014). Minderjährige zwischen dem 14. und dem vollendeten 18. Lebensjahr können allein rechtswirksame Entscheidungen treffen, wenn vonseiten des medizinischen Fachpersonals unter Berücksichtigung der Art und Schwere des konkreten Eingriffs von der Einsichts- und sachgemäßen Urteilsfähigkeit ausgegangen werden kann.

Der Beratungsansatz soll sich hin zum persönlichen Einzelfall, anhand eines stufenförmigen Handlungsrahmens mit auswählbaren Handlungsoptionen, ausrichten. So kann – gerade auch bei Kindern beziehungsweise Minderjährigen – auf die Prozesse der physiologischen geschlechtskörperlichen Entfaltung sowie der identitären Entwicklung mit einem angemessenen Maßstab eingegangen werden.

In Hinblick auf bestehende leistungsrechtliche Problematiken ist zum Beispiel auf die Änderung des Einheitlichen Bewertungsmaßstabes (EBM) der Kassenärztlichen Bundesvereinigung KBV mit Wirkung zum 1. Januar 2016 hinzuweisen. Bei Personen mit nicht festgelegter Geschlechtszuordnung und der Kennzeichnung »X« für das unbestimmte Geschlecht auf der elektronischen Gesundheitskarte sind *geschlechtsspezifische Gebührenordnungspositionen* nun entsprechend

---

2 Adrenogenitales Syndrom, kurz AGS, ist ein Überbegriff für verschiedene hormonelle Konstitutionen, bei denen die Biosynthese der Steroidhormone atypisch ist und infolgedessen vermehrt vermännlichend wirkende Sexualhormone in der Nebennierenrinde gebildet werden. Bei ›weiblichen‹ Ungeborenen soll die medikamentöse Einwirkung auf den Hormonspiegel die vermännlichenden Effekte reduzieren.

dem organbezogenen Befund berechnungsfähig. Da zeigt sich aber nun ein altbekanntes Problem: Die meisten Menschen mit angeborenen Variationen der körpergeschlechtlichen Entwicklung haben eine elektronische Gesundheitskarte mit weiblicher oder männlicher Kennzeichnung. Im Interesse der Flexibilisierung und zur Vereinfachung der Systematisierung macht es allgemein Sinn, Behandlung organspezifisch unter facharztgruppenspezifischen Gebührenordnungspositionen zu führen. Unterschiede in der Verfahrensweise, die für die Kostenabrechnung relevant sind, können in fortlaufenden Gebührenordnungspositionen statt in geschlechtsspezifischen Gebührenordnungspositionen genauer gelistet sein.

3 Fazit

Leben – das bedeutet komplexe Realität, komplexe Wechselwirkungen und Potenzialitäten.

Leben hat eine unglaubliche Vielfalt von Entwicklungsverläufen, Strategien und Erscheinungsformen hervorgebracht, welche die klassische Betrachtungsweise einer strikten Geschlechterdichotomie mit als explizit männlich oder weiblich definierten Charakteristika infrage stellt. Leben ist nicht nur komplexer, als wir annehmen, sondern vielleicht komplexer, als wir überhaupt annehmen *können*.

In Hinblick auf körpergeschlechtliche Vielfalt bewegt sich vieles. In der Praxis angekommen ist der Umgang damit noch nicht. Vielen begrüßenswerten Neuentwicklungen zum Trotz lässt die nur zögerliche Inklusion bestehende Konditionen und daher Tendenzen der Umsortierung sowie Sonderregelungen zu. Die bestehenden Kategorien werden sich durch immer neue Zusätze, Umsortierungen, Sonderregelungen und damit entstehenden Lücken sowie Gerichtsurteilen in der Praxis am Ende selbst ad absurdum führen.

Literatur

AWMF Arbeitsgemeinschaft der Wissenschaftlichen Medizinischen Fachgesellschaften (2010). AWMF-Leitlinien der Gesellschaft für Kinderheilkunde und Jugendmedizin. Leitlinie Störungen der Geschlechtsentwicklung. In Überarbeitung. Gültig bis 31.1.2015. Zur Überarbeitung neu angemeldet. http://www.awmf.org/leitlinien/detail/anmeldung/1/ll/174-001.html (1.2.2016).

Berliner, D.L., Monti-Bloch, L., Jennings-White, C. & Diaz-Sanchez, V. (1996). The functionality of the human vomeronasal organ (VNO): evidence for steroid receptors. *The Journal of Steroid Biochemistry and Molecular Biology, 58*(3), 259–265.

Bundesärztekammer (2015). Stellungnahme: Versorgung von Kindern, Jugendlichen und Erwachsenen mit Varianten/Störungen der Geschlechtsentwicklung (Disorders of Sex Development, DSD). http://www.bundesaerztekammer.de/downloads/Vorabversion_BAeK-Stn_DSD-Disorders_of_Sex_Development2.pdf (1.2.2016).

Bundesministerium der Justiz (2013). Personenstandsgesetz vom 19. Februar 2007 (BGBl. I S. 122), das durch Artikel 3 des Gesetzes vom 28. August 2013 (BGBl. I S. 3458) geändert worden ist. http://www.gesetze-im-internet.de/pstg/BJNR012210007.html (1.2.2016).

Czeloth, K., Mallidis, C., Pühse, G. & Kliesch, S. (2014). Function of uncorrected cryptorchis testes in 8 postpubertal patients – do we have to reconsider the management of cryptorchidism? University clinic Muenster, Urology, Muenster, Germany (vorgestellt ESPU, 25 Jahreskongress – Innsbruck, Österreich 2014). http://www.espu.org/olas/abstract_view.php?mid=11&sid=9 (1.2.2016).

Crews, D. (2003). Sex determination: where environment and genetics meet. *Evolution & Development, 5*, 50–55.

Deutscher Ethikrat (2012). Stellungnahme zu Intersexualität. Veröffentlicht 23. Februar 2012. http://www.ethikrat.org/dateien/pdf/stellungnahme-intersexualitaet.pdf (1.2.2016).

Duffy, T.A., Matthew, E.P., Won, E., Borski, R., Mcelroy, A. & Conover, D.O. (2010). Ontogenesis of gonadal aromatase gene expression in atlantic silverside (Menidia menidia) populations with genetic and temperature-dependent sex determination. *Journal of Experimental Zoology Part A Ecological Genetics and Physiology, 313*(7), 421–431. DOI: 10.1002/jez.612

Goode, H. & Machol, R.E. (1957). *System Engineering: An Introduction to the Design of Large-scale Systems*. New York, Toronto: McGraw-Hill.

Gourlay, W.A., Johnson, H.W., Pantzar, J.T., McGillivray, B., Crawford, R. & Nielsen, W.R. (1993). *Gonadal tumors in disorders of sexual differentiation*. University of British Columbia, Departments of Surgery (Urology), Paediatrics, Medical Genetics, and Pathology. Canada. DOI: dx.doi.org/10.1016/0090-4295(94)90251-8

Haldane, J.B.S. (1928). *Possible Worlds and Other Essays*. London: Harper and Brothers.

Haldane, J.B.S. & Dronamraju, K.R. (1963). Book Reviews. *Journal of Genetics,58*, 450–464.

ICD-10-GM Version 2016. WHO, DIMDI. 10. Revision, German Modification, mit Aktualisierung vom 21.12.2015. https://www.dimdi.de/static/de/klassi/icd-10-gm/kodesuche/onlinefassungen/htmlgm2016/(1.2.2016).

KBV Kassenärztliche Bundesvereinigung (2015). Beschluss des Bewertungsausschusses nach §87 Abs. 1 Satz 1 SGB V in seiner 369. Sitzung am 15. Dezember 2015 zur Änderung des Einheitlichen Bewertungsmaßstabes (EBM) mit Wirkung zum 1. Januar 2016. https://www.kbv.de/html/beschluesse_des_ba.php (1.2.2016).

Laquer, T. (1990). *Making Sex: Body and Gender from the Greeks to Freud*. Cambridge Mass. Harvard University Press. In deutscher Sprache (1992): *Auf den Leib geschrieben*. Die Inszenierung der Geschlechter von der Antike bis Freud. Frankfurt a.M., New York: Campus.

Lehmann-Kannt, S. (2013). Komplette Androgenresistenz (CAIS) mit Persistenz von Müllerstrukturen und Menses. Vortrag auf dem 8. Berliner Symposium für Kinder- und Jugendgynäkologie. http://www.kindergynaekologie.de/fileadmin/user_upload/8_berlin_symp_2013.pdf (1.2.2016).

Lodé, Thierry (2011). *La biodiversité amoureuse, sexe et évolution*. Paris: Eds Odile Jacob.

NEK-CNE Nationale Ethikkommission der Schweiz (2012). Zum Umgang mit Varianten der Geschlechtsentwicklung, Ethische Fragen zur »Intersexualität«, Stellungnahme Nr. 20/2012, Bern, November 2012. http://www.nek-cne.ch/fileadmin/nek-cne-dateien/Themen/Stellungnahmen/NEK_Intersexualitaet_De.pdf (1.2.2016).

Nieschlag, E., Behre, H.M. & Nieschlag, S. (Hrsg.). (2009). *Andrologie. Grundlagen und Klinik der reproduktiven Gesundheit des Mannes*. Berlin: Springer-Verlag.

Ohno, S. (1967). *Sex chromosomes and sex-linked genes*. Berlin, Heidelberg, New York: Springer-Verlag.

Ohno, S. (1969). Evolution of Sex Chromosomes. Mammals. *Annual Review of Genetics, 3*, 495–524.

Parzeller, M., Wenk, M., Zedler, B. & Rothschild, M. (2006). Aufklärung und Einwilligung bei ärztlichen Eingriffen. *Deutsches Ärzteblatt, 104*(9), 576–586.

Ramo, S. & St.Clair, R.K. (1998). *The Systems Approach: Fresh Solutions to Complex Problems Through Combining Science and Practical Common Sense*. Anaheim, CA: KNI, Inc.

Ridley, M. (2001). *The Cooperative Gene*. New York: The Free Press.

Schmidt-Rhaesa, A. (2007). *The Evolution of Organ Systems*. Oxford: Oxford University Press.

Schmitz, Sigrid (2009). Gender und Diversity treffen auf Naturwissenschaften und Technik. In Andresen, S., Koreuber, M. & Lüdke, D. (Hrsg.), *Gender und Diversity: Albtraum oder Traumpaar?* (S. 175–190). Berlin: Springer-Verlag.

Schweizer, K. & Richter-Appelt, H. (2009). Leben mit Intersexualität. Behandlungserfahrungen, Geschlechtsidentität und Lebensqualität. *Psychotherapie im Dialog, 10*, 19–24.

Streuli, J.C., Vayena, E., Cavicchia-Balmer & Y., Huber, J. (2013). Shaping Parents: Impact of Contrasting Professional Counseling on Parents' Decision Making for Children with Disorders of Sex Development. *Journal of Sexual Medicine (06/2013)*. DOI: \~ 10.1111/jsm.12214

Uhlenhaut, N.H., Jakob, S., Anlag, K., Eisenberger, T., Sekido, R., Kress, J., Treier, A.C., Klugmann, C., Klasen, C., Holter, N.I., Riethmacher, D., Schütz, G., Cooney, A.J., Lovell-Badge, R. & Treier, M. (2009). Somatic sex reprogramming of adult ovaries to testes by FOXL2 ablation. *Cell, 139*(6), 1130–1142.

WHO (2014). Genomic resource centre: Gender and Genetics. http://www.who.int/genomics/gender/en/(1.2.2016).

Woweries, J. (2014). Intersexualität: Medizinische Eingriffe und Beteiligung von Kindern an medizinischen Entscheidungen. *Zeitschrift frühe Kindheit, 17*(2), 40–47.

Zobel, S. (2014). Intergeschlechtlichkeiten – eigene Realitäten, eigene Normen. In Schneider, E. & Baltes-Löhr, C. (Hrsg.), *Normierte Kinder. Effekte der Geschlechternormativität auf Kindheit und Adoleszenz*. (S. 227–247). Bielefeld: transcript Verlag.

Zobel, S. (2016). Intering of bodies und die Konsequenzen: Naturwissenschaften, Medizinethik, persönliche Rechte im Spannungsfeld. In Schochow, M., Gehrmann, S. & Steger, F. (Hrsg.), *Inter* und Trans*identitäten: Ethische, soziale und juristische Aspekte* (S. 81-101). Gießen: Psychosozial-Verlag.

Geschlechtliche Zuweisung und Vereindeutigung bei intergeschlechtlichen Kindern als Gewalt

Zugänge zur Thematik und Anregungen für die Soziale Arbeit

Heinz-Jürgen Voß

Ausgehend vom aktuellen gesellschaftlichen Diskussionsstand zu den von Betroffenen als traumatisierend beschriebenen geschlechtszuweisenden und -vereindeutigenden medizinischen Eingriffen bei intergeschlechtlichen Minderjährigen werden im vorliegenden Beitrag einige Anregungen und Literaturverweise für die Beratungs- und Bildungsarbeit in Kontexten der Sozialen Arbeit gegeben.[1]

Seit den 1990er Jahren haben Selbstorganisationen intergeschlechtlicher Menschen gegen die geschlechtszuweisende und geschlechtsvereindeutigende medizinische Behandlungspraxis gestritten. In seinen technischen und argumentativen Bestandteilen bereits in der Nazizeit entwickelt (vgl. Voß, 2014), galt (und gilt) seit den 1950er Jahren international ein Behandlungsprogramm, dass die geschlechtliche Vereindeutigung vorsah (und vorsieht), wenn die geschlechtlichen Merkmale des Kindes sowohl ›typisch weibliche‹ als auch ›typisch männliche‹ Charakteristika aufwiesen. Die vereindeutigenden Eingriffe sollten im frühen Kindesalter, spätestens bis zum vierten Lebensjahr, vollzogen werden, da sich ab dem vierten Lebensjahr in größerem Maße geschlechtliche Identität auspräge und diese nicht ›verunsichert‹ werden sollte – als zulässige Identität wurde gesehen, wenn der heranwachsende Mensch in die für ihn vorgesehene Geschlechterrolle ›Frau‹ oder ›Mann‹ hineinwuchs. Sowohl Homosexualität als auch ein Wechsel der Geschlechtskategorie galten (und gelten teils noch immer) als Indikatoren dafür, dass sich keine akzeptable geschlechtliche Identität ausgeprägt habe (vgl. Voß, 2012).

---

1 Der Beitrag erschien zuerst in der Zeitschrift *SozialAktuell – Die Fachzeitschrift für Soziale Arbeit* (Heft 3, 2016); herzlichen Dank an die Redaktion für die Genehmigung des Zweitabdrucks.

Mittlerweile hat sich die Diskussion verändert und es zeichnet sich eine Pluralisierung der Lebensweisen ab. Auch in Deutschland, in Österreich und in der Schweiz wird Homosexualität nun zunehmend rechtlich und gesellschaftlich anerkannt und es sind Entwicklungen im Gang, Menschen nicht mehr mit allem zur Verfügung stehenden Zwang in eine vorgesehene Geschlechtskategorie einzupassen. Dafür waren Kämpfe erforderlich – einerseits im Nachgang der sexuellen Revolution, andererseits – und hier relevant – seit den 1990er Jahren durch intergeschlechtliche Menschen, die auf ihre gesellschaftliche Situation und die durch das medizinische System verursachten Schädigungen hinwiesen. Um das erfahrene Leid auch für Menschen, die es zum Glück nicht erleben mussten, ein Stück weit nachvollziehbar zu machen, möchte ich ein Zitat von Michel Reiter anbringen. Es stammt aus dem Vortrag »Medizinische Intervention als Folter«, den Reiter bei der Fachtagung der European Federation of Sexology im Jahr 2000 in Berlin gehalten hat[2]:

> »›Wärst Du lieber ein Junge geworden‹, wird das Kind von einer Psychologin gefragt. ›Nein‹, antwortete es, ›dann müßte ich tun, was die Jungen tun müssen und als Mädchen muß ich tun, was man von Mädchen erwartet.‹ Was will uns diese Antwort sagen? Nichts, außer daß dieses Kind gelernt hat, wie man richtig zu antworten hat, um sich zusätzlichen Ärger zu ersparen. In die medizinischen Akten wird der Befund eingehen: ›Frisches, schlankes Mädchen, das im Alter von 11 Jahren jetzt genau die durchschnittliche Größe und das durchschnittliche Gewicht aufweist.‹ Gut gelungenes Frischfleisch, zudem jenseits aller Erwartungen belastbar, denn Hochleistungssport, 17 operative Eingriffe, Medikation mit Dexamethason, hunderte gynäkologische Untersuchungen und Blutabnahmen, Handröntgen- und Genitalnahaufnahmen sowie permanente psychologische Kontrollen müssen wirklich überlebt werden. Was aber sagt uns diese Quantität der Eingriffe, die einzig dem offiziellen Ziel einer heterosexuellen Funktionsfähigkeit und der Idee einer vereindeutigten Geschlechtsidentität geschuldet sind? Nichts, außer einer Anleitung, wie man Menschen psychisch brechen kann und Menschenversuche diskret formuliert« (Reiter, 2000).

Bereits im Jahr 2000 wurde Reiter aus medizinischen Fachgesellschaften mit der Argumentation konfrontiert, dass sich das Behandlungsprogramm jetzt wesentlich verbessert habe und dass es sich bei den von ihm kritisierten Fällen nur um

2 Der gesamte Vortrag ist auch online nachlesbar (http://www.gigi-online.de/intervention9.html) – und sehr empfehlenswert.

fehlerhafte medizinische Behandlungen in der Vergangenheit gehandelt habe. Ein solcher Bezug auf eine vermeintlich bessere Zukünftigkeit ist per se schwierig, da Zukünftigkeit zum jeweils aktuellen Zeitpunkt noch nicht evaluierbar ist. Heute lässt sich mit Blick auf die medizinischen Eingriffe um das Jahr 2000 herum – also dem Zeitpunkt von Reiters Vortrag – sagen, dass sich in Bezug auf das Outcome (Behandlungsergebnis und Behandlungszufriedenheit) auch für die damaligen Eingriffe eklatant schlechte Ergebnisse zeigen. Das Outcome ist bei den an intergeschlechtlichen Kindern vorgenommenen geschlechtszuweisenden und -vereindeutigenden Eingriffen fast durchweg schlecht, in nahezu allen Fällen traten schwere und schwerste Komplikationen auf, die etwa weitere Operationen und/oder andere medizinische Eingriffe erforderlich machten (vgl. für einen Überblick Voß, 2012).

Die Kämpfe intergeschlechtlicher Menschen waren zumindest punktuell erfolgreich, auch wenn eine grundlegende Wandlung der Behandlungspraxis noch aussteht. Hieraus lässt sich aber ein erster wichtiger Punkt für die Soziale Arbeit und Bildungspraxis ziehen: Es muss stets darum gehen herauszustellen, dass sich Veränderungen nicht einfach so ergeben, sondern dass ihnen konkrete – und oft gefahrvolle – Kämpfe zugrunde liegen. Ebenso wichtig ist es, dass in der Sozialen Arbeit und in der Bildungsarbeit die Menschen eine Stimme erhalten, die von den Eingriffen (oder von politischen, gesellschaftlichen Entscheidungen) betroffen waren und sind. Entsprechend sollten gerade die Publikationen von Intergeschlechtlichen gelesen und Personen von Selbstorganisationen – gegen Entlohnung! – als Referierende eingeladen werden.

Die Kämpfe haben dazu geführt, dass Gremien der Vereinten Nationen auf die Situation intergeschlechtlicher Menschen aufmerksam wurden und etwa im Fall der Bundesrepublik Deutschland die Regierung aufgefordert haben, Maßnahmen zu ergreifen, die Menschenrechte für Intergeschlechtliche sicherzustellen. In der Bundesrepublik Deutschland gab es eine Stellungnahme des Deutschen Ethikrates zu Intergeschlechtlichkeit (Ethikrat, 2012). Die Stellungnahme der Nationalen Ethikkommission der Schweiz ist aber präziser und enthält, wesentlich konkreter als es in Deutschland der Fall ist, Empfehlungen. Eine der wichtigen lautet folgendermaßen:

> »Als Grundsatz für den Umgang mit DSD [Disorders of sexual development; das ist der fachliche und von Selbstorganisationen kritisierte Begriff für Intergeschlechtlichkeit bzw. Varianten der Geschlechtsentwicklung] sollte Folgendes gelten: Alle nicht bagatellhaften, geschlechtsbestimmenden Behandlungsentscheide, die irreversible Folgen haben, aber aufschiebbar sind, sollten aus ethischen und

> rechtlichen Gründen erst dann getroffen werden, wenn die zu behandelnde Person selbst darüber entscheiden kann. Dazu zählen geschlechtsbestimmende Operationen an den Genitalien und die Entfernung der Gonaden, wenn für diese Eingriffe keine medizinische Dringlichkeit (zum Beispiel ein erhöhtes Krebsrisiko) besteht. Ausnahmen gelten dann, wenn der medizinische Eingriff dringend ist, um schwere Schäden an Körper und Gesundheit abzuwenden« (Ethikkommission, 2012, S. 19).

Deutlich wird aus dem Zitat, dass von der Ethikkommission erkannt wurde, dass die geschlechtszuweisenden und -vereindeutigenden Eingriffe bei intergeschlechtlichen Minderjährigen schwierig sind. Gleichzeitig wird ersichtlich, dass von diesen Eingriffen auch (noch) nicht vollständig abgerückt wird. Deuten sich in der Schweizer Stellungnahme nur in recht geringem Maße Situationen an, in denen solche Eingriffe doch durchgeführt werden könnten, so ist die Stellungnahme des Deutschen Ethikrates in ihren Empfehlungen so zögerlich und ›verwaschen‹, dass die geschlechtskorrigierenden Eingriffe in größerem Maße weiterhin möglich bleiben.

Aufgaben der Sozialen Arbeit

Da die Entwicklungen aktuell im Gang sind, liegt bei der Sozialen Arbeit – sowohl in der praktischen Arbeit als auch in der Lehre an Hochschulen und weiteren Ausbildungseinrichtungen – die Verantwortung a) Bildungsangebote zu Intergeschlechtlichkeit zu entwickeln und in die eigene Arbeit zu integrieren, b) für die Beratung Intergeschlechtlicher und ihrer Eltern fit zu werden bzw. diesbezüglich Verweiskompetenz auszubilden und c) gesellschaftliche Akzeptanz für intergeschlechtliche Menschen (und allgemein für die Vielfalt der Menschen) zu befördern.

Für Bildungsangebote liegen bereits einige Anregungen vor, unter anderem von Andreas Hechler mit dem Aufsatz »Intergeschlechtlichkeit als Thema geschlechterreflektierender Pädagogik« (2012). Einbezogen werden sollten auch Publikationen von und aus dem Umfeld der Selbstorganisationen (u. a. Völling, 2010; Morgen, 2013) und insbesondere die Homepages der Organisationen: www.intersexualite.de, www.zwischengeschlecht.info, www.intersexuelle-menschen.net. Auf diesen Seiten finden sich sowohl gute Texte als auch wichtige Informationen zum aktuellen Stand der gesellschaftlichen Diskussion, zu weiteren (und spezifischen) Vernetzungsmöglichkeiten und Hilfsangeboten. Darüber hinaus liegen mittlerweile zahlreiche Video-Dokumentationen vor, die sehr gut in der Bildungsarbeit eingesetzt werden können. Besonders empfohlen seien hier: *Das verordnete Geschlecht* (2001) und *Die Katze wäre eher ein Vogel* (2007).

In Bezug auf Möglichkeiten guter Beratung gibt es ebenso erste gute Anregungen, die grundlegend darauf fokussieren, nicht das intergeschlechtliche Kind als ›Problemfall‹ wahrzunehmen, sondern vielmehr an dem möglicherweise intoleranten Umfeld zu arbeiten, die gleichzeitig aber auch auf die konkreten Beratungsbedarfe von Erwachsenen und Kindern zu Intergeschlechtlichkeit reagieren. Die Empfehlungen am Schluss des von Michael Groneberg und Kathrin Zehnder herausgegebenen Bandes *»Intersex« – Geschlechtsanpassung zum Wohl des Kindes? Erfahrungen und Analysen* sind beachtenswert. Gleiches gilt für das kürzlich von Manuela Tillmanns veröffentlichte Buch *Intergeschlechtlichkeit. Impulse für die Beratung* (2015). Die sich aktuell entwickelnde Peer-Beratung mit ihren Anlaufstellen (in Deutschland) in Emden und Berlin sind auf Dauer wichtige und kompetente Instanzen, an die Ratsuchende verwiesen werden können.

Kontakte zu Selbstorganisationen

Beratungsstelle in Emden: http://nds.intersexuelle-menschen.net/beratung/(20.10.2015).

Beratungsstelle in Berlin: http://www.intersexualite.de/index.php/wir-begruessen-die-neue-peer-interberatungsstelle-berlin/ (20.10.2015).

Homepage Intersexuelle Menschen e.V.: www.intersexuelle-menschen.net (20.10.2015).

Homepage Internationale Vereinigung intergeschlechtlicher Menschen: www.intersexualite.de (20.10.2015).

Homepage Zwischengeschlecht.org: www.zwischengeschlecht.info (20.10.2015).

Literatur

Ethikkommission (2012). Zum Umgang mit Varianten der Geschlechtsentwicklung. Stellungnahme, Nr. 20/2012. http://www.nek-cne.ch/fileadmin/nek-cne-dateien/Themen/Stellungnahmen/NEK_Intersexualitaet_De.pdf (20.10.2015).

Ethikrat (2012). Stellungnahme Intersexualität. http://www.ethikrat.org/dateien/pdf/stellungnahme-intersexualitaet.pdf (20.10.2015).

Groneberg, M. & Zehnder, K. (Hrsg.). (2008). *»Intersex« – Geschlechtsanpassung zum Wohl des Kindes? Erfahrungen und Analysen.* Freiburg: Academic Press Fribourg/Paulusverlag.

Hechler, A. (2012). Intergeschlechtlichkeit als Thema geschlechterreflektierender Pädagogik. In Dissens e.V. (Hrsg.), *Geschlechterreflektierte Arbeit mit Jungen an der Schule: Texte zu Pädagogik und Fortbildung rund um Jungen, Geschlecht und Bildung.* Berlin: Hinkelstein-Druck. http://www.jungenarbeit-und-schule.de/fileadmin/Redaktion/Dokumente/Buch/

Geschlechterreflektierte_Arbeit_mit_Jungen_an_der_Schule_Dissens_e.V-3.pdf (20.10.2015).

Morgen, C. (2013). *Mein intersexuelles Kind – weiblich männlich fließend.* Berlin: Transit Buchverlag.

Reiter, M. (2000). Medizinische Intervention als Folter. (Abdruck des Vortrags vor der European Federation of Sexology.) *GiGi – Zeitschrift für sexuelle Emanzipation, 9.* http://www.gigi-online.de/intervention9.html (20.10.2015).

Tillmanns, M. (2015). *Intergeschlechtlichkeit. Impulse für die Beratung.* Gießen: Psychosozial-Verlag.

Völling, C. (2010). *»Ich war Mann und Frau« – Mein Leben als Intersexuelle.* Köln: Fackelträger Verlag.

Voß, H.-J. (2012). *Intersexualität – Intersex: Eine Intervention.* Münster: Unrast-Verlag.

Voß, H.-J. (2014). Intergeschlechtlichkeit – Aktivismus und Forschung, ihre Verzahnung und intersektionale Fortentwicklung. In Bundesstiftung Magnus Hirschfeld (Hrsg.), *Forschung im Queerformat – Aktuelle Beiträge der LSBTI*-, Queer und Geschlechterforschung* (S. 117–131). Bielefeld: transcript Verlag.

Autorinnnen und Autoren

Ulrich Klocke, Dr., ist Sozialpsychologe an der Humboldt-Universität zu Berlin. Seine aktuelle Forschung befasst sich mit den Themen Stereotype, Vorurteile und Diskriminierung insbesondere hinsichtlich sexueller Orientierung, Geschlecht und Geschlechtsidentität. Darüber hinaus forscht und lehrt er zu Diversität, Führung und Teamentscheidungen.

Kontakt: Humboldt-Universität Berlin, Rudower Chaussee 18, 12489 Berlin, klocke@hu-berlin.de

Emily Laing studiert Rechtswissenschaft an der Universität Hamburg und befasst sich unter anderem mit Fragen des Öffentlichen Rechts und des Rechts der Gleichstellung.

Kontakt: ems.laing@gmail.com

Eike Richter, Jurist, ist in der Verwaltung der Freien und Hansestadt Hamburg (FFH) tätig und leitete verschiedene Reformprojekte und Referate, darunter das Referat für Grundsatzangelegenheiten der Gleichstellung sowie für gleichgeschlechtliche Lebensweisen und geschlechtliche Identitäten der Behörde für Justiz und Gleichstellung der FHH. Zurzeit ist er in der Leitstelle Digitale Stadt des Amtes Medien der Senatskanzlei der FHH tätig.

Kontakt: Freie und Hansestadt Hamburg, Senatskanzlei, Amt Medien, Leitstelle Digitale Stadt, Hermannstraße 15, 20095 Hamburg, eike.richter@sk.hamburg.de

Kurt Seikowski, PD Dr., studierte in Leningrad medizinische Psychologie und Philosophie, arbeitete dann vier Jahre am Fachbereich Psychologie der Universität Leipzig. Seit 1983 ist er als Psychologe und Psychotherapeut an der medizinischen Fakultät der Universität Leipzig angestellt. Seit dieser Zeit gehören auch transidente Personen zu seinen Patienten, die er psychotherapeutisch begleitet und für die er Gutachten erstellt.

Kontakt: Klinik und Poliklinik für Psychosomatische Medizin und Psychotherapie, Semmelweisstraße 10, 04103 Leipzig, kurt.seikowski@medizin.uni-leipzig.de

Heinz-Jürgen Voß, Prof. Dr., studierte in Dresden und Leipzig Diplom-Biologie. Er promovierte 2010 in Bremen zur gesellschaftlichen Herstellung biologischen Geschlechts. Seit Mai 2014 hat er die Professur für Sexualwissenschaft und sexuelle Bildung an der Hochschule Merseburg, gefördert im Rahmen der BMBF-Förderlinie sexuelle Gewalt in pädagogischen Einrichtungen.

Kontakt: Hochschule Merseburg, Eberhard-Leibnitz-Str. 2, 06217 Merseburg, heinz-juergen.voss@hs-merseburg.de

Simon Zobel, CEng, ist langjähriger Referent und Advokat für körperliche Integrität. Er studierte Biologie und Bioingenieurwesen an der Universität von Paris. Er lehrte angewandte Wissenschaften in Paris und arbeitete in Frankreich und Deutschland als Ingenieur im öffentlichen Sektor. Fokus sind besonders Grenz- und Konfliktbereiche von (sozialen) Mythologien und Naturwissenschaften.

Kontakt: info@laterramagica.net

Herausgeberinnen und Herausgeber

Monika Deinbeck arbeitet als freiberufliche IT-Trainerin und Software-Entwicklerin. Sie ist Mitglied des Vorstands von »Trans-Inter-Aktiv in Mitteldeutschland e. V.«.

Kontakt: TIAM e. V., Heinrich-Heine-Str. 35, 08058 Zwickau, m.deinbeck@trans-inter-aktiv.de

Alexander Naß, Dipl.-Soz., lehrt an der Martin-Luther-Universität Halle-Wittenberg am Lehrstuhl für empirische Sozialforschung. Darüber hinaus ist er Doktorand an der Albert-Ludwigs-Universität in Freiburg im Breisgau und Stipendiat der Friedrich-Ebert-Stiftung. Der Forschungsschwerpunkt seiner Doktorarbeit liegt auf Trans* und Partnerschaft.

Kontakt: Martin-Luther-Universität Halle-Wittenberg, Emil-Abderhalden-Str. 26–27, 06108 Halle (Saale), alexander.nass@soziologie.uni-halle.de

Silvia Rentzsch hat im Jahr 2010 die »SHG Trans – Identität Zwickau« gegründet. Sie ist Vorsitzende des Vereins »Trans-Inter-Aktiv in Mitteldeutschland e.V.« und wurde mit dem 1. Engagementpreis des Landesfrauenrats Sachsen geehrt.

Kontakt: TIAM e. V., Heinrich-Heine-Str. 35, 08058 Zwickau, s.rentzsch@trans-inter-aktiv.de

Johanna Rödenbeck ist Geschäftsführerin einer Maschinenbaufirma und engagiert sich als Vorstandsmitglied ehrenamtlich bei »Trans-Inter-Aktiv in Mitteldeutschland e.V.«.

Kontakt: TIAM e. V., Heinrich-Heine-Str. 35, 08058 Zwickau, j.roedenbeck@trans-inter-aktiv.de

Psychosozial-Verlag

Maximilian Schochow, Saskia Gehrmann, Florian Steger (Hg.)

Inter* und Trans*identitäten

Ethische, soziale und juristische Aspekte

2016 · 409 Seiten · Broschur
ISBN 978-3-8379-2453-4

Ein umfassender Einblick in ethische, juristische und soziale Aspekte von Inter* und Trans*Identitäten.

Seit der 2012 veröffentlichten Stellungnahme »Intersexualität« des Deutschen Ethikrates werden ethische und juristische Fragen, die inter* Menschen betreffen, verstärkt diskutiert. Interessengruppen und die mediale Repräsentation rücken diese Fragen immer wieder in den Fokus der Öffentlichkeit. Mit dem vorliegenden Band werden diese Debatten aufgegriffen und um die Thematik der Trans*identität erweitert. Der Band vereint Perspektiven inter* und trans*-identer Menschen mit Ergebnissen empirischer Arbeiten unter anderem zur Situation präoperativer trans*identer Menschen, den Motiven für geschlechtsangleichende Operationen und einer leitliniengestützten Gesundheitsversorgung. Dargestellt werden zudem alte und neue Widersprüche in der Rechtsprechung und der künftigen Rechtsgestaltung in Bezug auf Inter* und Trans*Identitäten. Darüber hinaus werden der Umgang mit Kindern und Jugendlichen sowie die mediale Bearbeitung und die Herausforderungen im Leistungssport analysiert.

Mit Beiträgen von S. Gehrmann, I. Glockentöger, D.V. Kollig, U. Kuhnle-Krahl, L. Lettrari, F. Maaßen, H. Matern, L. Münker, A. Naß, T.O. Nieder, K. Plett, L. Prüll, E. Richter, A. Schmidt, M. Schochow, K. Scholz, K. Schumann, F. Steger, B. Strauß, M. Wirth, M. Willer, J. Woweries und S. Zobel.